KB097761

김택규

출판 번역가. 1971년 인천 출생. 한국외국어대학교 대학원에서
『중국 출판산업의 변화와 인터넷소설』로 박사학위를 취득했다.
1997년부터 중국어 출판 번역을 시작했으며 2010-2012년에는
김영사 중국법인에서 근무했다. 김영사, 웅진지식하우스,
글항아리의 중국 현대 소설 시리즈를 기획했고 현재는 숭실대학교
중어중문과 겸임교수, 한국출판산업진흥원 중국저작권수출
자문위원, 글항아리 기획위원으로 일하면서 중국 소설과 인문서
번역에 전념하고 있다. 『죽은 불 다시 살아나』, 『이혼지침서』,
『아큐정전』, 『사람의 세상에서 다시 죽다』, 『이중톈 중국사』,
『암호해독자』, 『논어를 읽다』 등 50여 권을 옮겼다.

번역가 되는 법

© 김택규 2018
이 책은 저작권법에 의해 보호받는 저작물이므로
무단전재와 복제를 금합니다.
이 책 내용의 전부 또는 일부를 이용하려면
저작권자와 도서출판 유유의 서면동의를 얻어야 합니다.

# 번역가 되는 법

## 두 언어와 동고동락하는
## 지식노동자로 살기 위하여

김택규 지음

유유

# 머리말
## 전통 필자와 출판의 운명

### 종이책의 위기

얼마 전 전철역 근처에서 우연히 글 쓰는 후배를 만나 함께 커피를 마셨습니다. 그 후배는 이 년 전에 교보문고 장르 소설 부서에서 일한 적이 있는데 며칠 전 교보문고의 옛 동료를 만나 들은 이야기를 제게 해 주었습니다.

"요즘 교보문고는 비상이랍니다. 올해 매출이 전 부서 공히 두 자릿수 이상 떨어졌대요. 부서장들마다 시말서를 쓰고 내년 예산도 확 줄였다고 하네요."

저는 할 말을 잃었습니다. 사실 아는 출판사마다 작년 대비 매출이 20퍼센트 이상 떨어졌다고 아우성을 치기는 하지만, 막상 그와 유사한 비보가 한국 출판 유통계의 '보스' 교보문고에서 전해지니 그 충격이 제법 새로웠습니다.

"작년 탄핵부터 올해 대선까지 출판 매출을 떨어뜨릴

'악재'가 계속됐잖아. 어쩔 수 없지."

"아이고, 그건 그렇고 서점이 이러니 서점에 책 공급하는 출판사는 어떻겠어요? 이제 종이책은 끝인가 봅니다, 끝!"

저는 쓴웃음을 지으며 제 웃음보다 더 쓴 블랙커피를 홀짝홀짝 마셨습니다.

"내가 그 출판사와 일하는 번역가야. 뭔가 탈출구를 찾아야 할 텐데."

탈출구? 어떤 탈출구? 전자책? 기획이나 집필? 아니면 해외합작? 어느 것 하나 시늉 내지 않은 것이 없고 또 어느 것 하나 만만한 것은 없었습니다. 마음 한쪽에 휘잉 찬바람이 불며 적막감이 밀려들었습니다.

탄핵과 대선을 변명거리로 삼을 수는 없습니다. 매년 출판계 매출은 떨어져 왔고 그 매출 저하를 설명하는 변명거리도 늘 있었으니까요. 올림픽, 월드컵, 각종 선거 등등. 불경기도 탓하기 힘듭니다. 일인당 국민소득 3만 달러를 눈앞에 두고 있는데 왜 가계의 책 구입비는 국민소득 증가와 정비례하지 않을까요? 그렇다면 우리는 종이책의 가파른 전락을 설명해 줄 수 있는 원인을 좀 더 근본적인 차원에서 찾을 수밖에 없습니다. 사회와 인간 그리고 취향과 콘텐츠 성격의 변화에서 말입니다.

## 쿨한 시대

저는 우리가 사는 지금 이 시대를 상징하는 단어가 '쿨'cool인 것 같습니다. '-하다'와 어우러져 어느새 한국어 형용사가 돼 버린 이 단어는 『고려대 한국어대사전』에서 보면 "꾸물거리거나 답답하지 않고 거슬리는 것 없이 시원시원하다"라는 뜻을 갖고 있습니다. '쿨한 사람', '쿨한 남자', '쿨한 여자' 등등 이 단어는 어느 명사 앞에 붙어도 긍정의 기운을 뿜어내지요.

그런데 이와 정반대의 뜻을 가진 신조어도 존재합니다. 뜻이 '꾸물거리거나 답답하고 거슬리기만 하고 시원시원하지 못한 사람'이라고 이해될 그 단어는 '진지충' 혹은 '설명충'입니다. 딱히 생각할 필요가 없는 사안까지 고민하고 진지하게 설명하려 하는 부류의 인간을 가리키지요. 중·고등학교 교실에 가 보십시오. 진지충으로 찍혀 왕따가 되는 지름길은 자율학습 시간에 『수레바퀴 밑에서』나 『호밀밭의 파수꾼』을 꺼내 읽는 것입니다. 미팅 장소에 나가 보십시오. 상대에게 '까이는' 비결은 괜히 고민을 묻고 프로이트나 베버를 인용하며 그 고민의 심리적, 철학적 원인을 따지는 겁니다. 아무래도 우리는 쿨한 시대, 최소한 쿨함이 미덕인 시대에서 살아가는 듯합니다.

## 고전의 해체

쿨한 시대에 본질과 원리와 윤리와 가치는 급한 때 빼서 보는 커닝페이퍼 같아서, 굳이 평소에 깊이 생각하거나 다른 사람과 토론할 필요도 없고 그러면 괜히 뻘쭘하기만 합니다. 물론 그런 것에 관한 지식이 꼭 필요할 때도 있기는 하지만 그런 때는 학창 시절 교과서에서 배운 기억을 떠올리거나 위키피디아에서 관련 항목을 쓱 훑어보면 그만입니다. 왜 '담론'을 이해하기 위해 미셸 푸코의 『성의 역사』를 읽어야 하고 또 "도가도비상도"道可道非常道를 알기 위해 노자의 『도덕경』을 읽어야 하나요. 물론 고전(원전)을 읽으면 개념이 더 깊이 이해되기는 하겠지만 쓸데없이 왜 그런 데에 심력을 소비해야 하느냐 이 말입니다.

대학 진학률 80퍼센트를 돌파한 이 고학력 사회에서는 위키피디아와 블로그 검색이면 누구나 웬만한 기초 지식은 찾아내고 이해할 수 있습니다. 고전을 읽는 것은 과거 같으면 지적 허영과 치장의 용도라도 있었을 겁니다. 그러나 이제 고전에서 얻는 정신적 체험과 전문 지식은 허영도 치장도 되지 못합니다. 고전 100권이 『지적 대화를 위한 넓고 얕은 지식』 시리즈만도, 심지어 '공기업 기출 일반상식' 한 권만도 못해졌고 얼마 있으면 지식 팟캐스트에도 무릎을 꿇을 겁니다. 누구나 읽어야 하고 읽어야 사회적 의사소통에 낄 수 있었던 고전 목록이 이렇게 해체되면서 종이책 시장의 버팀목은 여지없이 꺾이고 말았습니다.


## 서사의 무한 증식

엄숙한 고전 분야뿐 아니라 발랄하고 다채로운 서사물에서도 종이책은 주도권을 잃었습니다. 웹소설, 웹툰, 드라마, 영화, 심지어 뉴스에도 내주었지요. 서사물은 웹소설과 웹툰을 기점으로 무한 증식하고 IPIntellectual Property(지적재산)라는 이름으로 각 영역을 넘나들며 폭발적으로 부가 가치를 키워 내고 있습니다. 하지만 종이책에 거점을 둔 순문학 소설과 장르 소설은 독자도, 영상물의 저본이 될 기회도 줄어들면서 외국 베스트셀러 장르 소설의 초판 발행 부수가 1,500부까지 떨어지는 지경에 처했습니다.

반대로 똑같이 텍스트로 이뤄진 서사물인데도 웹소설의 위세는 갈수록 강해집니다. 작가, 작품, 플랫폼, 매출, 인세, 세부 장르, 영상물로의 각색 등에서 공히 수치가 상승하고 있습니다. 영상 서사보다 텍스트 서사가 더 유리한 점은 무엇일까요? 물리적·금전적 요소가 상상력을 제한할 일이 없다는 것입니다. 이 점에서는 웹툰도 웹소설을 결코 따라갈 수 없습니다. 바로 이 점 때문에, 그리고 겨우 '중박' 작품이 작가에게 벌어 주는 매월 인세가 2천만 원이 훌쩍 넘어가면서 현재 많은 드라마 작가와 시나리오 작가까지 웹소설 플랫폼으로 활동 공간을 옮기고 있습니다.

웹소설 연재 사이트 문피아의 『재벌집 막내아들』, 『탑 매니지먼트』가 그 좋은 예입니다. 한국에서 웹소설의 발전은 아직 현재진행형입니다. 더 많은 세부 장르가 만들어지고 더 많은 장르 간 이종교배가 이뤄지면서 웹소설은 앞으로도 서사의 무한 증식을 선도할 것입니다. 하지만 여기에서 종이책이 차지할 공간은 없습니다.

## 티핑포인트가 온다

최근 몇 년간 종이책 매출은 꾸준히, 염치도 모르고 줄어들었습니다. 그렇다면 전자책 매출이 느는 게 정상이 아닐까요? 늘기는 했습니다. 웹소설 매출만. 우리가 흔히 말하는 '전자책', 즉 이퍼브나 피디에프 그리고 애플리케이션 같은 형식의 디지털북도 의외로 판매가 지지부진합니다. 여전히 기업, 도서관을 겨냥한 B2B 의존도가 크며 간혹 나오는 베스트셀러는 초대박 할인의 결과인 경우가 많습니다. 이런 상황이고 보니 처음에 전자책에 기대를 걸었던 출판사들은 실망하여 종이책만 내고 전자책 전환을 안 하기도 하고 해외 저작권 계약 시 전자책 계약을 아예 도외시하기도 합니다. 보통 출판사 매출에서 전자책이 차지하는 비중이 5퍼센트 미만이니 그럴 만도 하죠.

하지만 티핑포인트가 올 겁니다. 그 포인트를 향한 지루하고 기나긴 노정은 독자가 차차 전자책에, 스크린 리딩에 익숙해지는 과정이 아니라 반대로 출판사와 작가가 디지털 글쓰기의 새롭고 고유한 문법을 습득해 가는 과정일 겁니다. 그러다가 도둑처럼 티핑포인트가 오고 종이책은 유한계급과 수집가의 전유물이 될 겁니다. 양피지 책과 증기 기관과 엘피 음반이 그렇게 되었듯이.

## 사멸과 탄생의 길 위에서

저 같은 번역가를 비롯한 전통적 글쓰기의 필자는 전통적인 종이책 출판사와 편집자와 오프라인 플랫폼과 함께 전자책의 완성으로 가는 길 위에서 지금과 마찬가지로 앞으로도 천천히 사멸해 갈 겁니다. 반대로 새로운 저작 기술과 매체, 그것에 적응하는 독자의 출현에 발맞춰 새로운 문체와 작가와 CPContents Provider(콘텐츠 공급자)와 온라인 플랫폼이 탄생해 그 사멸의 빈자리를 채워 갈 것입니다.

그 치열한 변증법적 과정은 이미 한국의 웹소설 플랫폼에서는 한창 전개되고 있습니다. 지지부진한 전자책 플랫폼의 매출 현황과 달리 웹소설 플랫폼에서 매년 50퍼센트 이상의 매출 증가를 기록하는 것은 우연한 현상이 아닙니다. 전자책의 태반은 여전히 종이책 콘텐츠의 기계적인 디지털화에 머무르고 있지만 웹소설은 문체와 내용, 유통과 영상화에서 모두 눈부신 자기 갱신을 이루고 있습니다. 종이책의 유산인 문어체와 긴 단락이 추방되고 구어체의 한 문장이 한 단락을 이루며 독서의 호흡을 바꿔 놓았습니다. 또한 추론과 설명과 묘사 대신 기발한 아이템과 재기 넘치는 대사가 서사의 중심이 되었습니다. 웹소설은 더 이상 소설이 아니라 예능 프로그램 대본과 영상 및 게임 트리트먼트의 묘한 혼종처럼 보입니다. 작품 평가의 기준과 주도권도 엘리트 평론가의 손을 떠나 다운로드 수와 독자 댓글에 넘어갔습니다. 이에 따라 오프라인 매체의 서평과 광고에 의존하던 작품 홍보와 마케팅도 친구 추천과 캐시 증정, 배너 같은 온라인 플랫폼의 다양한 노출과 이벤트 기술에 좌지우지되고 있습니다. 이와 함께 웹소설의 최종적인 성공은 점점 더 연재 수익보다는 영상 저작권의 판매 수익으로 판가름 날 겁니다.

이상의 내용은 현재 웹소설 업계에서는 이미 상식이 되었습니다. 만약 이 상식이 웹소설을 기점으로 다른 텍스트 콘텐츠 전체에 퍼져 나간다면, 그것이 출판업 전체의 정해진 운명이라면 오늘날의 종이책과 일반 전자책 업체 그리고 그들과 손잡고 있는 편집자, 기획자, 작가, 번역가 등은 과연 기꺼이 아이덴티티를 바꿀 준비가 되어 있을까요? 아니 근본적으로 바꿀 수조차 있을까요? 만약 그럴 수 없다면 모두가 속절없이 폐족이 되어야만 할까요?

## 걱정 말기를, 길은 아직 멀다

저는 슬프기는 하지만 좌절하거나 비관하지는 않습니다. 앞에서 말한 티핑포인트에 이르기까지는, 우리 시대의 밈meme(모방으로 전파되는 문화 정보)이 완전히 새로운 밈으로 대체되기까지는 아직 길이 멀기 때문입니다. 저와 제 친구들의 역할은 아직 사라지지 않았습니다. 우리는 옛 글쓰기와 새 글쓰기, 옛 매체와 새 매체, 나아가 옛 사유와 새 사유 사이의 중간 매개물로 활동하며 천천히 고사될 텐데 제 예상으로는 완전히 고사되기 전에 생을 마칠 듯합니다. 더욱이 다행스럽게도(?) 우리 전통적인 필자와 출판인은 아직까지 이 시대 문화의 장 안에 적지 않은 상징 자본을 갖고 있어서 출판 시장이 아무리 축소되더라도 그것을 경제 자본으로 바꿔 가며 한동안 생존할 수 있을 겁니다. 구시대의 소수 장인이 무형 문화재가 되어 사회의 보호를 받는 것처럼 말입니다.

다만 저는 고사될 때 고사되더라도 고분고분 죽을 마음은 없습니다. 전통 필자, 그중에서도 한층 부차적인 지위를 가진 '출판 번역가'라는 제 직업이 아무런 미래의 가능성도 잉태하지 못하고 박물관의 기억이나 다큐멘터리의 기록으로 사라지는 것을 두고 볼 수만은 없습니다. 저는 지난 번역의 역사와 저를 비롯한 우리 시대 번역가의 경험을 아우르면서 우리가 미지의 미래에 어떻게 계속 생존하고 자기 갱신을 통해 새로운 정체성을 획득할 수 있을지 몸부림치며 찾아보려 합니다.

# 1
## { 번역가는 왜 홀대받는가 }

### 내 것이 아닌 내 번역서

2017년 9월과 11월, 제가 번역한 소설 두 권이 연이어 출간되었습니다. 저는 두 달간 아침에 일어나기만 하면 인터넷서점에 들어가 그 두 소설의 정보를 확인했습니다. 전날보다 판매지수가 올랐는지 떨어졌는지, 새 서평이 올라왔는지 궁금했기 때문이지요. 그러다가 혹시 판매지수가 많이 올랐거나 소설을 인상 깊게 봤다는 서평이 새로 눈에 띄면 무척 좋아했습니다. 마치 '내 책'처럼 말이죠.

지금 제가 제 번역서를 '남의 책'처럼 말하는 것에 여러분은 의아하실 수도 있습니다. 네, 사실 저도 보통은 제 번역서를 '내 책'처럼 착각하지요. 그러니까 눈만 뜨면 새 번역서의 판매 정보를 궁금해하는 것이고요. 하지만 아주 가끔 말짱한 정신으로 돌아와서 생각하면 제가 번역한 책은 온전히 제 것이 아닙니다. 왜 그럴까요? 번역서의 단어 하나, 문장 하나 제 고심을 거쳐 나오지 않은 것이 없는데 왜 저는 제 완전한 소유권을 실감하지 못하는 것일까요?


## 번역가는 투명해야 한다

대략 두 가지 이유가 있습니다. 첫 번째 이유는 번역에 관한 서양 근대 이후의 오랜 고정관념입니다. 러시아의 문호 고골리는 이런 말을 했다고 합니다. "이상적인 번역가는 유리처럼 투명해서 독자가 그의 존재를 느끼지 못하게 해야 한다." 근대 이후 번역과 번역가의 가장 큰 미덕으로 꼽혀 온 '투명성'에 대해 이보다 더 정확히 의미를 설명해 주는 말은 없을 겁니다. 모든 번역서의 독자는 기본적으로 특정 번역가의 책을 읽는다고 여기지 않습니다. 대부분 저자의 책을 읽는다고 생각하지요. 저자는 본래 외국인이며 외국어로 외국 독자를 위해 글을 썼는데도 말입니다. 중간에 번역가가 개입해 유려하고 자연스러운 모국어로 새로운 텍스트를 만들어 그 세계로 독자를 초대해 몰입시키지 않는다면 독자는 아예 그 책을 읽을 기회도 얻지 못합니다. 그런데도 독자는 그 사실을 전혀 의식하지 않고 번역서의 첫 페이지를 읽기 전에 어떤 게임의 규칙에 동의합니다. '나는 이제부터 이 저자의 작품을, 마치 이 저자가 처음부터 내 모국어로 쓴 것처럼 아무 스스럼없이 읽기 시작할 것이다'라고 말이죠. 그들이 이 규칙의 마법에서 벗어나는 경우는 딱 한 가지밖에 없습니다. 번역이 전혀 모국어처럼 느껴지지 않을 때뿐이죠. 외국어의 영향력에서 완전히 벗어나지 못한, 서투르고 생경한 표현에 독서의 흐름이 턱턱 막혀서 '도대체 이 책의 번역가는 왜 이 따위야!'라고 짜증이 날 때만 비로소 자신이 번역서를 읽고 있다는 사실을 영 달갑지 않게 의식합니다. 그렇다면 그 반대의 경우는? 끝까지 편안하게 독서의 즐거움을 만끽한 후 '정말 훌륭한 작가야!'라고 찬탄합니다. 그러고 나서 인터넷 서평에 몇 줄의 칭찬을 올립니다. 훌륭한 작가의 놀라운 작품이라고 말이죠. 만족스러운 독서를 가능케 한 번역가에 대한 코멘트는 거의 찾아볼 수 없습니다. 당연하지요. 그런 좋은 번역서를 낸 번역가는 독자에게 자신의 존재를 느끼지 못하게 하는 '투명인간'이기 때문입니다. 그는 투명한 존재로서 그림자도 없이 저자의 이름 뒤에 숨은 채 저자와 작품에 대한 독자의 찬탄이 들려오기를 고대합니다. 혹시나 번역의 흠을 트집 잡혀 밝은 태양 아래 자신이 불려 나가지는 않을까 두려워하면서 말이죠.


**번역가에게 불리한 인세 비율**

두 번째 이유는 '투명성'에 대한 앞의 고정관념이 낳은 국제 저작권 제도와 관련이 있습니다. 여러분은 혹시 번역서가 출판되었을 때 저자와 번역가에게 몇 퍼센트의 인세가 지급되는지 아십니까? 책의 장르와 저자의 명성 그리고 자국에서의 판매 실적에 따라 다르기는 하지만 보통 저자에게는 6-8퍼센트, 번역가에는 3-5퍼센트의 인세가 지급됩니다. 처음부터 번역가가 저자에 비해 불리한 구조이지요. 어쨌든 출판사는 저자와 번역가의 인세를 책 정가의 10-12퍼센트 안에서 통제하려고 합니다. 그러면 좀 더 알기 쉬운 예를 들어 설명해 볼까요? 노벨문학상을 받은 유명 외국 저자의 신간을 국내에서 출간한다고 해 봅시다. 만약 한국 출판사에서 대대적으로 이 책을 마케팅 할 계획을 세웠고 또 번역가가 이 책을 기획했기 때문에 어쩔 수 없이 매절이 아니라 인세로 번역가와 계약을 해야 한다고 하면 역자 인세는 3-4퍼센트로 책정될 겁니다. 저자는 노벨문학상을 받을 만큼 일급 저자이므로 저자 인세는 8퍼센트 정도로 책정될 것이고요. 어떻습니까? 번역가가 저자에 비해 엄청나게 홀대를 받지요?

그런데 번역가에 대한 이런 홀대는 책이 많이 팔리면 팔릴수록 더 심해집니다. 책이 베스트셀러가 되면 저자 인세는 올라가는 반면, 역자 인세는 반대로 떨어지기 때문입니다. 예컨대 그 책의 저자와 역자 인세가 판매 부수 1-10,000부까지 각기 8퍼센트, 4퍼센트였다면 10,001-20,000부까지는 9퍼센트, 3퍼센트입니다. 20,001부 이상은 당연히 10퍼센트, 2퍼센트이지요. 어쨌든 출판사는 전체 인세 규모를 12퍼센트 이내로 통제해야 하는데 그 원칙 아래 희생되는 쪽은 저자가 아니라 번역가입니다. 물론 책이 팔려야 번역가도 인세를 받기는 하지만 그래도 인세율에서 이렇게 일방적으로 손해를 감수해야 한다는 사실은 현대의 저작권 제도와 출판 제도에서 얼마나 번역가가 부차적으로 취급받는지 분명하게 알려 줍니다. 자, 이 정도면 제가 피땀 흘려 만들어 낸 번역서를 왜 '내 책' 같으면서도 남의 것처럼 느낄 수밖에 없는지 대략 설명이 되었다고 생각합니다.

### 번역가는 작가보다 열등한 존재인가

번역서의 인세 비율에서 나타나는 저자와 번역가의 이런 불평등한 관계는 우리에게 '번역가는 작가보다 열등한 존재인가?' 혹은 '번역은 창작보다 가치가 떨어지는 행위인가?'라는 자문을 하게 만듭니다. 과연 그럴까요? 보수의 많고 적음이 그런 불평등의 당위성을 입증할 수는 없지요. 제도적인 차별도 마찬가지입니다. 제도는 시대적 한계를 가질 수밖에 없기 때문입니다. 돌아보면 로마제국 시대의 귀족과 계몽주의 시대의 유럽 지식인에게 번역은 그들의 품격을 높여 주는 고상한 행위였다고 합니다. 고대 그리스 로마의 고전을 당대의 언어로 유려하게 옮겨 자신의 박학과 문체를 뽐내는 것이야말로 무엇과도 비교할 수 없는 탁

월한 기예로 평가받았기 때문이지요.

중국에서도 청나라 말기, 린수라는 번역가가 영어를 잘하는 동료의 구술에 의지해 수많은 서양 대중 소설을 번역하여 한 시대를 풍미했습니다. 그의 번역은 결코 투명하지 않았습니다. 그는 작가 앞에 나서서 원문을 능가하는 필력을 뽐냈으며 작가를 능가하는 영예도 누렸습니다. 따라서 저는 오늘날 저자와 번역가의 불평등한 관계는 전적으로 근대의 산물이라고 봅니다. 번역의 대상인 고대와 다른 세계의 지식이 더 이상 성스럽거나 비밀스럽지 않고 외국어 능력도 희소가치가 떨어진 상태에서 유례없는 출판의 대중화로 온갖 지식이 범람하게 되면서 번역과 번역가가 평범한 기술과 기술자로 전락한 것입니다.

하지만 상식적이면서도 본질주의적인 관점으로 저자와 번역가의 관계를 바라보는 사람에게는 이런 설명이 통하지 않겠지요. 그들은 이렇게 반박할 겁니다. "어쨌든 저자의 창작이 있어야 번역이 있을 수 있지 않느냐?", "창작은 창조이고 번역은 변환일 뿐인데 어떻게 비교할 수가 있느냐?"라고 말입니다. 과연 그럴까요? 시간적으로 창작이 선행하기 때문에, 그리고 창작만이 오로지 창조이기 때문에 저자는 번역가보다 우월할까요?

발터 베냐민은 "번역이 그 궁극적인 본질에 있어 원작과 닮으려고 노력한다면 어떤 번역도 가능하지 않다"라고 말한 바 있습니다. 그리고 "번역들이 원작에 기여한다기보다는 원작이 그것들이 존재하는 데 도움을 준다. 원작의 생명은 번역들 속에서 항상 새로운 최신의 것으로, 가장 풍성한 꽃을 피우게 된다"라고도 했지요.● 저는 번역을 원작의 연장된 삶 혹은 제2의 삶이라고 봅니다. 원작은 본래 우리와 다른 세계의 문화 체계 안에서 태어난 생명입니다. 그 시대의 문화적 자아를 가진 저자가 역시 그 시대의 독자를 대상으로 수천 년의 민족적 기억이 켜켜이 담긴 모국어로 창출해 낸 산물이지요. 번역가는 그것을 자신의 문화 체계 안으로 가져와 '변환'을 시도합니다. 오로지 인류 공통의 사유 구조와 감정 패턴에 위태롭게 의지한 채 자국의 독자를 대상으로 역시 똑같이 방대한 세월을 거치며 형성된, 저자의 언어와 완전히 이질적인 자신의 모국어로 번역이라는 새로운 소우주를 축조합니다. 이 과정에서 번역가는 "번역들이 원작에 기여한다기보다는 원작이 그것들이 존재하는 데 도움을 준다"는 것을 시시각각 절감합니다. 번역은 원작에 충실해야 한다고요? 이 말처럼 공허한 빈 껍데기 언명이 세상에 또 있을까요? 베냐민의 말대로 "번역이 그 궁극적인 본질에 있어 원작과 닮으려고 노력한다면 어떤 번역도 가능하지 않"기 때문입니다.

독자가 기대하는 원작과 번역의 등가성은 그저 순진하고 기계적인 등가성일 뿐입니다. 번역가가 실현하는 등가성은 역동적, 기능적 등가성입니다. 원작의 독자가 얻은 체험을 역서의 독자도 얻게 하려고 최대한 노력하지만 양

---

●John Biguenet, Rainer Schulte 엮음, 이재성 옮김, 『번역이론: 드라이든에서 데리다까지의 논선』(동인, 2009), 111쪽.

자의 체험은 유사할 뿐이지 동일하지 않습니다. 역서의 독자는 동일성의 환상을 애써 누리려 할 뿐입니다. 번역은 원작과 본질적으로 다르며 번역가도 저자와 본질적으로 다릅니다. 저자와 번역가의 관계는 우열 관계나 상하 관계가 아닙니다. 그들은 단지 서로 다른 세계에 속할 뿐이며 그들의 능력 역시 마찬가지입니다.

## 2
## { 번역가의 능력 }

**확고한 모국어 감각**

무엇이 번역가의 가장 중요한 능력인지 물어보면 아마 대다수의 사람들이 탁월한 외국어 실력이라고 답할 겁니다. 하지만 저는 거꾸로 '외국어에 간섭받지 않는 능력'이라고 답하겠습니다. 외국어 실력이 번역가에게 가장 중요한 능력이라면 외국에서 나고 자란 이중 언어 구사자가 최고의 번역가 후보겠지요. 그러나 제 주변의 각종 외국어 출판 번역가를 보면 이중 언어 구사자가 전무합니다. 저는 그것이 당연한 현상이라고 봅니다. 이중 언어 구사자는 제1언어와 제2언어 중 어느 쪽도 확고한 모국어가 아니어서 제1언어로 번역을 하든, 제2언어로 번역을 하든 다른 쪽 언어의 영향력을 완전히 떨쳐 내지 못합니다. 그로 인해 그들의 번역을 보면 원어의 간섭으로 나타나는, 영 생경

하고 부자연스러운 통사 구조와 어휘가 눈에 띄곤 합니다. 그래서 저는 번역가의 가장 중요한 능력은 결코 외국어 실력이 아니라, 외국어의 간섭과 명확히 거리를 둘 수 있는 확고한 모국어 감각이라고 생각합니다.

예전에 한 선배 교수님이 저를 붙들고 이런 충고를 하신 적이 있습니다. "번역가라면 외국에 자국 문화를 소개하는 역할을 해야 한다. 그러니 『춘향전』 같은 한국 고전을 중국어로 번역해서 현지에 출판해 봐"라고 말이죠. 그때 뜨악했던 기억이 아직도 생생합니다. 저는 중한中韓 번역가이지 한중韓中 번역가가 아니어서 중국 독자를 만족시킬 만큼 유창한 중국어 문어체로 한국 책을 번역할 능력이 없습니다. 한편 저는 점차 선배 교수님의 충고를 제가 능력이 없어 이행하지 못할 뿐만 아니라 이행해서도 안 된다는 생각이 들었습니다. 그 이유는 역시 제 모국어가 한국어이지 중국어가 아니기 때문입니다. 여러분도 중국어 출판 번역가로 활동하게 되면 한중 번역을 의뢰받을 일이 간간이 생길 겁니다. 그러면 단호히 얘기해야 합니다. "한중 번역은 중국인이 하는 것이 맞습니다"라고 말입니다.

### 보상 행위로서의 번역

아마 제 논조가 너무 단호하다고 경계하는 목소리도 있을 겁니다. 어쨌든 번역은 출발어에서 도착어로 전환하는 작업이므로 무엇보다 출발어 텍스트에 대한 이해가 가장 중요하고 이를 위해서는 출발어인 외국어를 얼마나 완벽히 숙지하고 있느냐가 번역의 퀄리티를 결정짓는 관건이라고 주장할 수도 있겠지요. 저도 어느 정도는 이런 주장의 합리성을 인정합니다. 신조어가 난무하는 로맨스 소설과 대화마다 사투리가 각주도 없이 쓰이는 향토 소설을 도저히 이해할 수가 없어 번역 의뢰를 포기해야 했던 기억을 떠올리면 더더욱 그렇습니다.

사실 저는 중국어에 대한 전반적인 지식과 감각이 떨어집니다. 한국에서만 중국어를 배웠고 중국에서 오래 살아본 적도 없습니다. 대학원에 진학하기 전까지 회화든 독해든 중국어를 진지하게 배우려고 한 적도 없습니다. 단지 번역을 위해 오랫동안 많은 원문 텍스트를 읽어서 행간의 의미를 세심히 파악할 수 있는 것이 유일한 장점인데 저는 사실 이것조차 콘텍스트에 관한 종합력과 관계가 있을 뿐, 이른바 '어학 실력'하고는 무관하다고 봅니다.

외국어 실력이 이렇게 보잘것없는 제가 출판 번역을 할 수 있는 가장 근본적인 원인은 번역이라는 것이 본질적으로 '보상' 기제가 작동하는 행위이기 때문입니다. 생각해보면 텍스트는 문자를 매개로 의미, 문장 구조, 소리, 리듬, 미학적 문체 등을 실현하는 대단히 복잡한 장치를 담고 있습니다. 그래서 번역가는 번역을 시작하기 전, 원문 텍스트를 꼼꼼히 읽고 깊이 받아들여 '체험'합니다. 이에 대해 중국의 유명한 프랑스어 번역가 푸레이는 이런 인상적인 말을 남겼습니다.

번역가는 원작을 깊이 이해하고, 체험하고, 느끼지 못하면 결코 독자가 이해하고, 체험하고, 느끼게 할 수 없다. 좋아하는 작품을 번역하려면 네댓 번은 읽어야 줄거리와 플롯이 익숙해지고, 철저한 분석이 이뤄지고, 눈앞에 인물들이 생생히 떠오른다. 역시 그래야만 행간에 숨겨진 함의도 서서히 음미할 수 있다.

자, 이제 비로소 번역가는 '언어 변환'을 개시합니다. 원어로부터 급속히 멀어져 비언어 상태가 된, 원작에 대한 자신의 '체험'을 새로이 자신의 모국어로 '재언어화'합니다. 원어의 의미와 문장 구조와 소리와 리듬과 미학적 문체를 모국어의 그것들로 '보상'합니다. 이 보상 작업은 무척이나 복합적인데도 동시에, 순간적으로 이뤄집니다. 어떤 자동 기제의 존재를 상정하지 않는다면 결코 설명되지 않는 행위이지요.

**번역가의 아비투스**

그러면 번역가의 이런 보상 기제는 어떻게 작동하는 것일까요? 저는 번역가의 직업적 훈련도 그것을 신속히 효과적으로 작동하게 만든다고 봅니다만 그 뒤에는 근본 동인으로 번역가 고유의 아비투스가 존재한다고 믿습니다. 아비투스는 보통 한 사회의 각종 실천의 장field 안에서 특정 주체가 오랜 기간 습득해 심신에 내화한 장 내의 실천 규칙을 뜻합니다. 프랑스의 사회학자 피에르 부르디외는 모든 사회적 실천이 바로 인간의 아비투스와 그것이 생성된 객관적 환경 간 상호 작용의 결과라고 했지요.

저는 번역가의 번역 조작 방식, 즉 원문 이해와 번역문의 표현, 교정, 윤색까지 그의 아비투스에 따라 결정된다고 봅니다. 아비투스는 앞에서 말한 대로 실천 규칙이며 그 규칙은 오랜 학습과 경험에 의해 주체의 내면에 취향이나 감각처럼 자리 잡아 주체의 실천을 특정 방향으로 이끕니다. 번역가에게 그 실천은 번역할 텍스트와 출판사를 고르는 것일 수도 있지만 좀 더 내밀하게는 텍스트를 조작하는 차원까지 아우릅니다. 그가 자신에게 맡겨진 다양한 장르의 원문 텍스트를 각기 다른 문체로 번역할 수 있는 것도, 번역문의 문장 길이를 조절하고 어휘를 가능한 한 듣기 좋은 음상을 지닌 것으로 고르는 것도, 심지어 원문의 어떤 내용이 국내 독자에게 혐오감을 줄지 예상해 의도적으로 삭제하는 것까지 이 아비투스로 이뤄지는 실천입니다. 그렇다면 아비투스는 단지 실천 '규칙'이 아니라 실천 '감각'이라고도 말할 수 있습니다. 실천하기 전에 참고하고 계산하는 규칙이 아니라 자동으로 실천을 결정짓는 거의 본능적인 감각인 셈이니까요.

이제 앞에서 제가 왜 번역가에게 중요한 능력은 외국어 실력이 아니라 모국어 감각이라고 말했는지 설명이 됐다고 봅니다. 저는 모국어 감각이 단지 언어적인 것만이 아니라 언어 사용에서 언중言衆의 전반적인 문화 취향까지 고려하는 능력이라고 봅니다. 이 능력은 언어 사용의 주체가 한 사회의 문화 장 안에서 오랫동안 생활하며 정해진 문화적 커리큘럼과 시대적 이념을 소화해 아비투스를 내면에 각인하지 않으면 얻어 낼 수 없습니다. 과연 이중 언어 사용자나 외국어를 오래 공부한 외국인이 이런 모국어 감각을 체득할 수 있을까요? 저는 불가능하다고 봅니다.

이 지점에서 중국의 미학자 주광첸이 훌륭한 번역의 관건으로 '소리'와 '리듬'을 강조하며 한 말이 떠오릅니다. 그는 "문자로 정신을 전달하는 것은 대부분 소리와 리듬에 달렸다. 소리와 리듬은 감정과 분위기의 직접적인 표현이다"라고 말했습니다. 저는 이 말에 전적으로 동의합니다. 좋은 번역가는 번역을 통해 소리와 리듬을 연주할 수 있어야 합니다. 설사 묵독이라 해도 뜻과 이미지가 소리를 타고 편안한 리듬으로 독자의 머릿속에 흘러들어 가야만 훌륭한 번역이 완성됩니다. 이런 소리와 리듬의 실현은 모국어 감각의 가장 고차원적인 실현입니다. 그래서 번역가의 능력을 논할 때 외국어 실력은 모국어 감각에 윗자리를 내줄 수밖에 없는 것입니다.

# 3
## { 직역과 의역 }

**직역과 의역 사이의 진자 운동**

번역에 관한 동서양의 논쟁사에서 가장 열띤 토론을 불러일으킨 주제는 아마도 직역과 의역의 문제일 겁니다. 동시에 이 문제는 막 번역을 시작한 초심자가 가장 궁금해하는 것이기도 합니다. 원문을 존중해 직역을 할지, 독자를 존중해 의역을 할지 갈피를 잡기 힘들어하지요. 저는 이 문제가 쟁점이 되는 것 자체가 의아하기만 합니다. 앞에서 말한 대로 근대 이후 번역의 최고 미덕은 '투명성'입니다. 번역가가 번역한 것이 아니라 작가가 직접 쓴 것처럼 독자가 느끼며 읽을 수 있는 번역서만이 높은 평가를 받습니다. 그러면 '작가가 직접 쓴 것처럼' 독자가 번역을 읽게 하려면 그 번역은 어떤 형태여야만 하겠습니까? 적어도 언어적으로는 완전한 '자국화'를 이룬 번역이어야 합니다.

어휘, 통사 구조, 문체 면에서 지금 독자의 독서 습관에 부응하여 일정한 가독성을 성취해야만 합니다. 물론 번역된 내용, 즉 주제와 소재 그리고 작가의 사상을 통해 독자는 '이국성'을 느낄 것이고 그것이야말로 독자가 굳이 외국 번역서를 읽는 목적이기도 하지요.

번역가는 드물게 내용 면에서도 부득이 도에 넘치는 '자국화'를 실천하기도 합니다. 한 가지 예를 들어 보지요. 얼마 전 소설을 번역하다가 이런 구절에 부딪혔습니다. "할머니는 내 손에서 황동 판을 가져갔다. 그 묵직한 느낌이 사라진 내 손은 돌연 텅 빈 듯했다. 이것이 참을 수 없는 존재의 가벼움일까?"老太太从我手里拿走了铜块，我的手中失去了那种沉甸甸的感觉，竟然一下子感到空空落落的。这是无法承受的生命之轻吗? 저는 이 구절을 번역해 놓고서 한참을 고민했습니다. 왜냐하면 "이것이 참을 수 없는 존재의 가벼움일까?"라는 부분이 너무나 가볍게 느껴져 참을 수 없었기 때문입니다. 밀란 쿤데라의 『참을 수 없는 존재의 가벼움』의 책 이름을 패러디한 것 같기는 한데 이 부분 때문에 소설 전체의 품격이 추락하는 기분이 들었습니다. 저는 결국 어떻게 했을까요? 한참을 고민하다가 삭제했습니다. 번역의 보상 이론에서도 삭제를 보상의 한 종류로 인정합니다. 저는 국내 독자에게 실소를 자아낼 것을 저어하여 이렇게 의도적으로 원문의 한 문장을 뛰어넘었습니다.

설마 이런 경우가 더 없지는 않겠지요? 번역가는 자민족의 이데올로기와 문학 관념의 제약을 받고 그 제약 앞에서는 원작에 대한 충실성이라는 원칙도 까맣게 잊고 맙니다. 국내 독자가 읽다가 책을 내팽개치고 싶을 만큼 위화감을 느낄 만한 부분은 임의로 고치고, 빼고, 대체합니다. 자, 이런 출판 번역의 현실에서 직역과 의역의 구분이 무슨 의미가 있을까요? 번역가는 원작중심주의의 입장에서 충실성을 지향하며 번역을 실천하려 하지만 텍스트 안팎의 변수는 그의 지향을 무의미한 것으로 만듭니다. 만약 충실성을 지향하는 번역이 직역이고 충실성보다는 가독성이나 대중성을 지향하는 번역이 의역이라고 기계적으로 구분한다면 번역가는 직역과 의역 사이에서 끝없이 진자 운동을 합니다. 번역은 이토록 복잡하고 모순적인 행위입니다.


## 직역주의의 논리

물론 직역주의가 전혀 의미가 없는 것은 아닙니다. 독일의 철학자 프리드리히 슐라이어마허는 「번역의 다양한 방법에 관하여」라는 에세이에서 다음과 같이 말합니다.

진정한 번역가는 이제 완전히 별개의 존재인 저자와 독자, 이 두 사람을 실제로 결합시키고 독자를 모국어의 테두리 밖으로 내몰지 않으면서도 저자를 가장 정확하고 완벽하게 이해하고 즐길 수 있게 도와주려 한다. 이 목적을 달성하고 싶은 번역가에게는 두 가지 길밖에 없다. 번역가가 가능한 한 작가를 내버려 두고 작가에게로 독자를 움직이거나, 독자를 가능한 한 그냥 놔둔 채 작가를 독자에게로 데려가는 것이다.●

"작가에게로 독자를 움직이는 것"은 문자 지향의 번역, 즉 직역이고 "작가를 독자에게로 데려가는 것"은 의미 지향의 번역, 즉 의역입니다. 그는 어차피 완벽한 번역은 불가능하다는 전제하에 번역가에게는 이 두 가지 길밖에 없다고 제시한 뒤, 결국 "원문의 어구를 보다 가깝게 따르는 번역일수록 이국적인 것을 더 많이 갖고 독자를 매혹시킨다. …… 자국어와 자신에게 손해를 끼치지 않으면서 능란하고 절제 있게 이 일을 하는 것이야말로 번역가가 극복해야 할 난관임을 인정하자"라며 첫 번째 길인 직역의 손을 들어 줍니다. 그가 생각하기에 번역은 독자에게 '이국적인 것'을 더 많이 전달해 주는 것이어야 하기 때문입니다.

현대 미국의 대표적인 번역학자 로렌스 베누티도 직역주의를 선호하는데 그 이유가 슐라이어마허와 같으면서도 사뭇 다릅니다.

좋은 번역은 그것의 언어 자체를 통하여 외국 텍스트의 외국성을 명백하게 드러내 주는 번역이다. 그러면 번역이 외

---

**38**　●John Biguenet, Rainer Schulte 엮음, 이재성 옮김, 『번역이론: 드라이든에서 데리다까지의 논선』(동인, 2009), 52쪽.

국 텍스트의 외국성을 분명하게 표시하기 위해 필요한 것은 무엇인가? 우선 번역 대상으로 자국의 문학 정전들을 벗어나는 형태와 주제를 지닌 텍스트를 선택하는 일이다. 하지만 외국성이 더욱 결정적으로 드러날 수 있는 것은, 자국어를 (그것이 마치 어떤 외국어인 양) 낯설어 보이게 만들면서도, 동시에 지금 독자가 읽고 있는 것은 원문 자체가 아니라 그것과 구별되어야 하는 하나의 자국어 번역에 불과하다는 사실을 드러내는 자국적 변양태들이 도입될 때이다. 좋은 번역은 소수화하는 번역이다. 즉 좋은 번역은 혼질적인 (이질적인 요소들이 혼합되어 있는) 담화를 양성하여 잔여태를 해방함으로써, 표준어와 문학 정전을 외국적인 것, 비표준적인 것, 주변적인 것들에 대해 열리게 하는 번역인 것이다.●●

베누티의 직역주의는 포스트식민주의적 전략에 속하는 것으로 보입니다. 베누티는 영미권의 자기중심주의적인 문학 정전과 표준어 체계를 무너뜨리기 위해 일부러 낯선 외국 텍스트를 '낯설게' 번역해 독자가 문화적 지배 담론에서 벗어나 소수 담론의 가치를 인정하게 만들려고 합니다. 사실 슐라이어마허가 직역을 선호한 이유는 18세기 유럽 문화의 주변부에 속했던 독일에 선진 국가의 문화를 좀 더 직접적으로 소개하고 독일어의 표현 능력을 풍부하게 만들기 위해서였습니다. 이에 비해 베누티는 이미 중

---

●● 로렌스 베누티 지음, 임호경 옮김, 『번역의 윤리』(열린책들, 2006), 27쪽.

심의 위치를 획득한 영미 문화의 경직성을 허물기 위해 외국, 특히 제삼 세계 텍스트를 최대한 이국적인 그 자체로 번역해야 한다고 주장했습니다. 물론 베누티가 기대한 결과 역시 슐라이어마허와 마찬가지로 영미권의 문화를 좀 더 다채롭고 풍부하게 만드는 것이리라 생각합니다.

## 타자성과 동일성 사이의 균형점

저는 슐라이어마허와 베누티가 주장한 직역주의의 문제의식에 어느 정도 동의합니다. 하지만 현장 번역가로서 그들의 주장에 담긴 일부 급진적 견해에는 고개를 저을 수밖에 없습니다. "원문의 어구를 보다 가깝게 따르는 번역"이라고요? 불가능합니다. 출발어의 문장 구조까지 본받으려는 번역은 그 언어를 구사할 줄 아는 독자에게나 의미가 있습니다. "자국어를 (그것이 마치 어떤 외국어인 양) 낯설어 보이게 만드는 번역"이라고요? 이런 번역은 실험적인 텍스트에 속하므로 소수 마니아의 전유물이 될 수밖에 없습니다. 출판 번역의 대상은 일반 독자입니다. 현장의 번역가가 상정하는 일반 독자는 외국어에 서툴고 취향도 넓습니다. 따라서 두 학자의 직역주의는 취지는 옳되, 번역가가 택할 만한 실용적인 전략은 못 됩니다.

그러나 슐라이어마허가 바란 '이국적인 것의 매혹'과 베누티가 권장한 "번역 대상으로 자국의 문학 정전들을 벗어나는 형태와 주제를 지닌 텍스트를 선택하는 일”은 늘 유념하고 실천할 만합니다. 번역가는 번역으로 모국어의 표현 가능성을 확장하고 자국의 문화와 지식인에게 새로운 지평을 보여 주는 역할을 합니다. 그래서 모국어에는 없는 원문의 아름답고 기발한 표현을 최대한 원문의 효과에 가깝게 옮기려 하고, 번역할 텍스트를 고를 때는 외국의 고유한 사회 문화적 특성을 잘 보여 주는 동시에 자국에 그 주제와 형태가 부재하거나 꼭 필요한 것을 찾으려 합니다. 그런 노력이 ‘자국어와 자신에 손해를 끼치지’ 않는 선에서 말입니다. 따라서 번역이라는 작업은 어쩌면 모국어의 기반 위에서 타자성과 동일성 사이의 어떤 균형점을 찾는 영원한 탐험이 아닐까 싶습니다.

# 4
## { 번역가가 되려면 - 1 }

**번역가가 되는 왕도는 없다**

"출판 번역가가 되려면 어떻게 해야 하나요?"라는 질문을 숱하게 받아 보았습니다. 아마도 이 질문을 제게 한 사람들은 "공무원이 되려면 어떻게 해야 하나요?", "대기업에 들어가려면 어떻게 해야 하나요?"에 대한 답변과 비슷한 것을 기대했을 겁니다. 어떤 책을 보라든지, 어떤 스터디를 하라든지 같은, 일정 기간 정해진 과업만 수행하면 번역가에게 필요한 자질과 소양이 갖춰지는 모종의 프로그램을 안내해 주기를 바랐겠죠. 물론 그런 책이 있기는 합니다. 『번역자를 위한 우리말 공부』(이강룡 지음, 유유, 2014)나 『번역의 탄생』(이희재 지음, 교양인, 2009) 같은 책이 떠오르는군요. 그런데 이런 책의 내용 중 상당 부분은 문장 다듬기, 맞춤법, 문장 부호 사용 같은 '우리말 바로 쓰기'와 관련이 있습니다. 제가 보기에 이런 책은 우리말 번역문을 다루는 기본적이면서도 실용적인 지침을 제공할 뿐, 번역가에게 필수적인 근본 자질을 키워 주지 못합니다. 다시 말해 그 근본 자질을 이미 구비한 사람이 참고로 들춰 볼 만한 책이지 번역가가 되는 왕도를 제시해 주지는 못합니다. 당연한 일입니다. 그런 왕도는 없으니까요. 현재 활동하는 번역가 중에서도 그런 왕도를 지나온 사람은 없습니다. 그들은 대부분 뭣도 모르고 왕도가 아니라 가파르고 구불구불한 여러 갈래 좁은 길을 각기 지나서 어느 날 문득 번역가라는 관문 앞에 선 이들입니다.

그래서 누군가에게 "출판 번역가가 되려면 어떻게 해야 하나요?"라는 질문을 받으면 저는 샘플 번역을 요구합니다. 원문 텍스트를 몇 페이지 주고서 며칠 내에 번역문을 보내 달라고 하지요. 원문은 가능한 한 이해하기 어렵고 표현이 풍부한 것을 골라 줍니다. 그래야 그 사람이 번역가에게 필수적인 '근본 자질'을 갖고 있는지 판단할 수 있으니까요. 앞에서도 이미 암시했지만 그 근본 자질은 어느 정도 외국어 실력을 갖춘 성인이 '번역가가 돼야지!'라고 결심한 후 몇 년 동안 노력한다고 해서 가질 수 있는 것이 아닙니다. 번역가가 되겠다고 결심한 순간, 그 사람은 이미 그 자질을 갖고 있어야 하며 또 그 자질은 그가 어린 시절부터 오랜 독서와 글쓰기 그리고 내적 사유를 수행하여 성취한 것입니다.

## 어휘력, 리듬감, 문체

그러면 대체 그 근본 자질은 무엇일까요? 앞에서 저는 번역가에게 가장 중요한 것은 외국어 실력이 아니라 모국어 감각이라고 말했습니다. 이 모국어 감각은 번역문에서 구체적으로 실현될 때 흔히 문장력이라고 불리며 이것이야말로 그 근본 자질에서 가장 중요한 부분입니다. 전문가의 소견이라고 할 수는 없지만 저는 이 문장력을 이루는 세 요소를 어휘력, 리듬감, 문체라고 봅니다. 그러면 이 세 요소를 차례로 이야기해 보겠습니다.

외국어 어휘에 대응하는 적절한 모국어 어휘를 고르는 일은 모든 번역가의 일상적인 고민거리입니다. 이 외국어 단어를 이 한국어 단어로 바꾸면 과연 문맥에 적합할까? 입말에는 맞을까? 본래의 의미를 충분히 담아 낼 수 있을까? 혹시 더 적합한 단어가 있는데 내 어휘력이 부족해 모르고 넘어가는 것은 아닐까? 이런 고민을 책 한 권을 번역하면서 수천 번, 수만 번 반복하지요. 마치 수천, 수만 개의 언덕을 넘어가는 심정으로 말이죠. 때로는 '국어사전을 통째로 씹어 삼켜 봐?' 같은 생각까지 합니다. 실제로 국어사전을 한 장 한 장 읽으며 그 터무니없는 상상을 실천하는 번역가도 본 적이 있습니다. 하지만 실효성은 별로 기대할 수 없지요. 실제 문장에서 여러 번 보았거나 직접 글을 쓰며 사용함으로써 뇌리에 깊이 각인된 어휘가 아니면 번역 과정에서 원활히 떠오르지 않기 때문입니다.

사실 잘 안다고 생각하는 어휘도 막상 쓰려고 하면 앞뒤의 어휘와 잘 어울리는지, 보통 결합하는 조사와 어미는 무엇인지 헷갈릴 때가 많습니다. 그럴 때면 저는 포털 검색창에 해당 어휘가 포함된 구나 절을 쳐 넣고 엔터키를 누른 뒤, 제가 생각한 어휘 사용의 패턴이 일반적인지 많은 용례와 비교하여 확인합니다. 나날이 발전하는 온라인 사전도 그렇지만 이런 검색 엔진의 활용은 오늘날의 번역가에게 축복이나 다름없습니다. 웹이 발전하지 않았을 때 구비해야 했던 수많은 용도의 사전이 이제는 필요 없게 되었으니까요.

한편 애써 어휘를 고르면서 번역가는 동시에 그 어휘의 배치도 고민합니다. 주어부가 너무 긴 건 아닐까? 이 구와 저 구의 순서를 바꾸면 훨씬 더 안정적으로 읽힐 텐데 그래도 될까? 혹시 이렇게 하면 원문의 의미가 손상되지는 않을까? 이런 고민은 모두 리듬감과 관련이 있습니다. 리듬감은 곧 독서의 호흡이자 가독성입니다. 아무리 거창한 어휘도 맵시 있고 균형감 있게 배열되지 않으면 잘 읽히지 않습니다. 번역가는 번역하는 문장을 수없이 속으로 되뇌면서 어순을 이리저리 바꾸고 리듬감을 점검합니다.

글에 좋은 리듬감을 부여하기 위해 저는 또 어순만큼이나 어미와 조사의 사용에도 주의를 기울여야 한다고 생각합니다. 이 문제는 한국어의 교착어적 특성 때문에 피해

갈 수 없습니다. 어미 하나, 조사 하나가 문장 전체의 미묘한 어감을 좌우하기 때문에 최대한 간결하고 정확하게 사용하면서 혹시나 뜻하지 않은 의미의 오류가 발생하지는 않았는지 거듭 살펴야만 합니다. 이 세부적인 노력이야말로 각 문장 번역의 필수불가결한 마무리 작업이면서 최종적으로 번역의 질을 결정합니다. 하지만 한국어 문장의 리듬감은 결코 교과서적인 학습으로 익혀지지 않습니다. 오랫동안 좋은 글을 읽고 글쓰기를 연습하면서 자연스레 몸에 배어드는 직관적인 감각이기 때문입니다.

저는 젊은 시절 꾸준히 시를 읽고 쓰면서 무의식적으로 이 감각을 익힌 것 같습니다. 시 쓰기는 몇 페이지의 산문에도 다 담지 못하는 풍부한 감정과 생각을 20행 내외의 텍스트에 고도로 압축하는 작업입니다. 글자 하나, 쉼표 하나도 허투루 쓰는 법이 없습니다. 시어와 시어, 행과 행, 연과 연의 문맥이 물 흐르듯 이어지도록 온 정신을 집중한 채 극도로 민감하게 어순을 배치하고 조사와 어미도 아끼며 골라 씁니다. 아마도 시 쓰기만큼 한국어의 리듬감을 숙련하는 데 도움이 되는 훈련 방법은 없을 겁니다.

마지막으로 문장력의 마지막 화두인 문체는 제가 지금까지 이야기한 어휘력과 리듬감의 총합입니다. 번역가의 개성적인 어휘 사용과 리듬감이 유기적으로 결합하면서 그만의 문체를 실현합니다. 혹자는 번역가의 문체는 곧 저자의 문체가 고스란히 전이된 결과가 아니냐고 질문하기도 합니다. 물론 원저자의 문체는 당연히 번역가의 문체에 영향을 줍니다. 비장한 만연체의 저자가 쓴 작품과 유머러스한 간결체의 저자가 쓴 작품의 번역이 유사한 문체로 번역될 수는 없지요. 그러나 문체는 본질적으로 글쓴이의 기질과 정신의 물리적인 표현입니다. 그 무엇으로도 문체에서 번역가 고유의 기질과 정신의 표지를 표백할 수는 없습니다.

나아가 문체는 번역의 격조를 결정하기도 합니다. 저자와 원서의 수준이 높을수록, 그리고 독자의 지적 능력이 높을수록 이 격조는 번역의 성패를 좌우합니다. 저는 출판사에서 이미 번역이 끝난 원고를 받고도 문체의 격조가 낮다는 이유로 출판을 포기하거나 따로 윤문가를 붙여 문장을 일일이 손보는 경우를 여러 차례 보았습니다. 번역가는 품위 있는 문체의 소유자여야 합니다. 그래야만 문화 수준이 높은 고급 취향의 독자를 만족시킬 수 있습니다.


## 통찰력과 콘텍스트

번역가의 관문으로 들어서기 위해 갖춰야 할 두 번째 자질은 '통찰력'이라고 생각합니다. 통찰력은 무엇보다도 원문 독해력의 전제입니다. 원문을 전혀 엉뚱한 방향으로 해석하거나 명시적 의미 뒤에 가려진 함축적 의미를 섬세하게 가려내지 못한다면 문장력도 외국어 실력도 전혀 기능을 발휘하지 못하겠지요. 제가 생각하기에 이런 독해력 부족을 야기하는 가장 큰 원인은 통찰력의 결여입니다.

그러면 번역가는 통찰력으로 무엇을 통찰할까요? 바로 원문의 콘텍스트를 통찰합니다. 여기에서 콘텍스트는 언어적 콘텍스트와 문화적 콘텍스트로 나뉩니다. 먼저 언어적 콘텍스트의 통찰력은 이해력이 관건이며 이 이해력은 풍부한 원문 독해 경험에서 얻어집니다. 중국어 독해의 단위는 구도 절도 문장도 아닙니다. 단락입니다. 중국어만큼 문법적 표지가 단순한 언어가 또 있을까요? 낱낱의 문장만 봐서는 시제도 태도 모호합니다. 띄어쓰기가 없어서 자칫하면 단어와 단어의 구분도 실패하기 십상이지요. 따라서 단락의 전체적인 콘텍스트에서 개별 문장의 의미를 읽어 내야 합니다. 그래서 저는 학생들에게 "중국어의 가장 좋은 사전은 바로 콘텍스트입니다"라고 입버릇처럼 말합니다. 사전은 우리에게 단지 단어의 고립적 의미밖에 알려 주지 않습니다. 하지만 번역을 할 때 우리에게는 단락, 심지어 챕터나 원문 전체와 긴밀하게 연관된 관계적 의미가 필요하며 그것을 알려 주는 사전이 바로 콘텍스트입니다. 이런 사정은 아마도 중국어 번역뿐 아니라 다른 외국어 번역도 마찬가지일 겁니다.

그다음으로 문화적 콘텍스트에 작용하는 통찰력은 축적된 지식이 그 기반입니다. 텍스트의 배경에 숨어 있는 역사적, 문화적 지식을 모른다면 문화적 콘텍스트를 포착할 수 없으며 그러면 오역이 발생합니다. 그렇다면 중국사와 중국 문화에 관한 지식을 최대한 습득하면 문제가 해결될까요? 그렇지 않습니다. 중국어 원서의 저자는 중국적 주체인 동시에 세계 보편의 주체입니다. 그의 사념 속 콘텍스트에는 중국적인 요소 외에 세계 보편적인 요소도 존재합니다. 1978년 개혁개방 이후에 교육을 받은 중국인 저자는 한층 더 그렇습니다. 따라서 중국어 번역가는 중국적인 지식 외에 기타 보편적인 지식의 소양도 두터워야 합니다. 그래야만 '現代主義'라는 단어를 곧이곧대로 '현대주의'로 번역하지 않고 '모더니즘'으로 번역할 수 있습니다.

2002년, 삼인출판사에 찾아가 중국의 석학 왕후이의 사상서 『죽은 불 다시 살아나』의 번역 의뢰를 받던 순간이 떠오릅니다. 당시 저는 아주 새파랗게 젊은 초짜 번역가였지요. 그런데도 제가 그 책의 번역 의뢰를 받을 수 있던 것은 이미 많은 중국학 관련 교수가 그 책의 번역 의뢰를 사양했기 때문입니다. 편집장이 건네준 원서를 받고 목차를 열자마자 저는 가슴이 두근거리는 것을 느꼈습니다. 왕후이는 문학 연구자이자 사상가로서 사유의 범위가 무척이나 넓은 사람입니다. 그래서 그 책에는 캉유웨이, 탄쓰퉁, 루쉰 등 근현대 중국 사상가뿐 아니라 칸트, 데카르트, 한나 아렌트 등 서양 근대 철학자 그리고 푸코, 보드리야르, 데리다, 롤랑 바르트 등 서양 현대 철학자까지 무수한 학자의 담론이 등장하더군요. 동서양의 역사와 문학 고전에 대한 평론은 덤이었습니다. 저는 앞뒤 가리지 않고 번역 계약서에 사인을 했습니다. 그 책의 번역이야말로 제 평생의 독서와 사유의 성취에 대한 시험이자 번역가로서의 제 통찰력을 한층 더 키워 줄 기회라고 생각했습니다.

그 후로 햇수로는 2년, 실질적으로는 8개월간 저는 그 책의 번역에 매달렸습니다. 앞에서 말했다시피 콘텍스트를 모르면 오역이 생길 수밖에 없기 때문에 잘 모르는 철학자의 담론과 부딪히면 그때마다 관련 도서를 읽어 가며 학습과 번역을 병행했습니다. 때로는 아무리 읽어도 납득이 가지 않는 원문을 복사해서 벽에 붙여 놓고 한두 시간씩 종이가 뚫어져라 보고 있기도 했습니다. 면벽 수행까지는 아니더라도 제 머릿속 지식이 이리저리 조합되면서 어느 순간 그 원문의 콘텍스트가 환히 풀리는, '돈오'頓悟의 순간이 벼락같이 오기를 고대하면서 말입니다.

이 정도면 번역가의 관문 앞에 서기까지 우리가 어떤 삶을 살았고 또 어떤 자질을 성취한 사람이어야 하는지 대체로 설명이 되었다고 봅니다. 이에 대해 누군가는 실망스러운 어조로 "그러면 번역가가 될 사람은 이미 정해져 있는 것이나 다름없군요"라고 말할 겁니다. 기본적으로는 그렇다고 답해야 할 것 같군요. 정해진 사람, 준비된 사람, 문장력과 통찰력이 이미 안정적으로 구축된 사람만이 출판 번역가가 될 수 있다고 말할 수밖에 없습니다. 번역가는 번역가가 되겠다고 결심하기 이전에 프로그램되지 않은

학습과 글쓰기의 오랜 과정을 무의식적으로 수료한 사람
입니다.

## 5
# { 번역가가 되려면-2 }

**번역가는 번역가 시험과 무관하다**

앞에서 번역가가 되기 위해 개인적으로 갖춰야 할 자질을 이야기했다면 이제 번역가로 데뷔할 수 있는 실제 경로를 설명하고자 합니다. 아마도 이것은 모든 번역가 지망생이 궁금해하는 주제일 겁니다. 과연 어떤 경로로 번역가의 길에 들어설 수 있을까요? 먼저 잘 알려져 있긴 하지만 반드시 배제해야 하는 거짓 경로부터 지적하고 넘어가겠습니다. 흔히 인터넷 광고로 접하는 '번역가 시험'은 우리가 관심을 갖고 있는 '출판 번역'과 전혀 무관합니다. 번역가 시험 합격으로 얻는 번역사 자격증은 취직 스펙 강화나 서류 번역과 기술 번역 일을 따내는 데 도움이 될 뿐입니다. 번역사 자격증이 있다고 출판사에서 일을 의뢰하지는 않습니다. 단지 시중의 번역 회사에 원서를 넣으면 프리랜서 번역가로 등록할 수는 있을 겁니다. 그러면 기업의 업무 서류, 제품 매뉴얼, 게임 시나리오 그리고 운이 좋으면 드라마와 영화 대본을 번역할 기회가 생길 겁니다. 하지만 모두 출판 번역과 무관하지요.

출판사는 번역사 자격증을 인정하지 않습니다. 심지어 (조금 참고는 하겠지만) 학력조차 인정하지 않습니다. 중국어 전공자가 아니어도 괜찮고, 석사·박사학위 소지자가 아니어도 괜찮고, 유명 대학 졸업자가 아니어도 괜찮습니다. 그러니 통·번역 대학원에 가려고 고집할 필요도 없습니다. 통·번역 대학원은 통역과 번역을 가르치지만 대부분 출판 번역을 가르치지 않습니다. 굳이 많은 돈과 시간을 들여가며 번역 학원이나 통·번역 대학원에 다닐 필요가 없습니다.

출판사가 번역가에게 요구하는 것은 오로지 유려하고 잘 읽히는 번역, 그것 하나뿐입니다. 여기에 좋은 책을 기획하는 능력까지 갖고 있다면 금상첨화겠지요. 저는 우리 출판계가 이 점 하나만큼은 높이 평가받을 만하다고 생각합니다. 개인 능력을 협업을 결정하는 주요 기준으로 삼으니까요. 물론 '성실성'이라는 훨씬 더 중요한 기준이 있기는 합니다만 이건 기존 번역가에게 적용되는 기준이므로 그냥 넘어가도 될 듯합니다. 사실 번역 기한을 안 지키고 무작정 '잠수 타는' 번역가만큼 출판사가 두려워하고 경계하는 존재는 없습니다.

출판사가 번역가의 학력보다, 심지어 경력보다 번역 실력 하나만을 주의 깊게 보는 것은 번역가 지망생에게는 무척 다행스러운 일이지만 달리 생각하면 이것만큼 무서운 일이 없습니다. 이로 인해 번역가는 평생 보이지 않는 평가의 장에 서 있다고 봐야 합니다. 그가 써내는 모든 번역 원고와 기획서가 수많은 편집자의 다양한 시선 아래 시시각각 해부되고 평가받습니다. 신인 번역가든 중진 번역가든 예외가 없습니다. 출판사에서 어떤 외국 도서의 출간을 결정하고 한국어판 저작권을 구입하면 우선 그 도서의 저자가 이전에 쓴 책을 번역했거나, 그 도서가 속한 분야의 책을 번역해 본 번역가를 물망에 올리고 직접 그 역서를 찾아 읽습니다. 그중에서 가장 번역 퀼리티가 높은 번역가를 골라 일을 의뢰하지요. 이런 사정을 감안하면 번역가는 언제나 투철한 직업의식을 갖고 어떤 책이 주어져도 일정한 퀼리티의 번역 수준을 유지할 수 있게 자기 자신을 채찍질할 수밖에 없습니다. 보이지 않는 눈이 늘 그를 주시하고 있으니까요.

## '매의 눈'이 보고 있다

조금 우스꽝스럽기는 하지만 저는 번역가의 데뷔 경로 중 가장 흔한 것이 '소개'라고 봅니다. 평소에 번역가 지망생을 눈여겨보던 선배 번역가나 편집자가 출판사에 그를 소개해 번역 일을 연결해 주는 것이죠. 하지만 이 경로는 겉보기와 달리 순전히 인맥에 의지하는 것도, 우연에 좌우되는 것도 아닙니다. 선배 번역가나 편집자가 단지 자신과 친하다는 이유만으로 자신의 신용을 담보로 삼으면서까지 출판사에 사람을 소개하지는 않기 때문입니다. 그들은 상당 기간 자신이 관찰한 결과를 토대로 해당 번역가 지망생의 실력에 믿음이 생겨야만 비로소 소개를 해 줍니다. 번역가 지망생이 아무리 부탁을 하고 열정을 보여도 소용이 없습니다. 그들은 어쨌든 일정한 책임을 지고 소개를 합니다. 실력이 모자라는 번역가를 소개해 불상사가 생기면 그 부담은 고스란히 그들에게 돌아갑니다.

그래도 소개를 받으려면 아주 기본적인 면식이라도 있어야 하기 때문에 번역가 지망생은 번역 강연이나 소셜네트워크서비스SNS를 통해 선배 번역가와 편집자를 두루 사귀어 두는 편이 좋습니다. 물론 이 사귐은 단순히 인간적인 친분을 쌓는 것을 의미하지 않습니다. 어떻게든 그들에게 번역가가 되려는 열정과 함께 자신의 번역 실력을 어필할 수 있는 통로를 만드는 것입니다. 그러면 번역가 지망생은 어떻게 자신의 실력을 어필해야 할까요? 어필할 필요도, 의도적으로 어필할 수도 없습니다. 어느 정도 가벼운 친분을 유지하면서, 평소에 눈여겨본 외국 도서를 검토한 문서 같은 것을 봐 달라는 식으로 계속 접촉을 시도하면 그들은 '매의 눈'으로 그를 관찰할 것입니다. 그들은 기본적으로 콘텐츠 기획자이며 콘텐츠 기획자는 언제나 새 콘텐츠와 인재를 찾고 있기 때문입니다.

이쯤에서 한 가지 예를 들어 보겠습니다. 지난해 저는 여자 후배 한 명을 제가 아는 출판사에 소개해 중국 고전 해설서 번역을 맡게 했습니다. 그 여자 후배의 나이는 삼십대 초반이며 저와는 인터넷 채팅으로 2000년대 초반에 알게 된 사이입니다. 그렇습니다. 저는 그녀가 고등학교에 다닐 때부터 지금까지 무려 십수 년 동안 그녀를 관찰하여 번역을 소개해 준 겁니다. 그 오랜 세월 동안 우리가 만난 것은 열 번 남짓밖에 되지 않습니다. 주로 인터넷으로 소식을 주고받았지요. 그사이 그녀는 국문과에 진학하고 철학으로 전공을 바꿨으며 지금은 타이완으로 넘어가 중국 철학 박사 과정을 밟고 있지요. 저는 그동안 블로그와 페이스북을 통해 그녀의 글솜씨와 취향을 이해했습니다. 그리고 우연한 기회에 출판사에서 타이완 저자의 중국 고전 해설서를 번역할 사람을 찾는다는 것을 알고 곧바로 그녀를 연결해 준 겁니다. 그녀가 그사이 한 번이라도 제게 번역거리를 구해 달라고 부탁한 적이 있을까요? 그런 적은 없습니다. 단지 제가 그녀의 글솜씨와 취향을 이미 잘 알고 있기에 그녀를 안 지 십수 년 만에 불쑥 번역을 소개해 준 겁니다.

저는 "제가 책임질 테니 무조건 이 사람한테 번역을 맡겨 줘요"라고 출판사에 부탁하지는 않았습니다. 적당한 번역가가 있으니 정해진 절차대로 번역 계약을 검토해 달라고 언질을 주었을 뿐입니다. 그녀는 현지에서 해당 도서를 구해 A4 2페이지 분량의 샘플 번역을 마쳐 제게 보내왔고 저는 그것을 출판사에 건넸습니다. 출판사에서는 디테일한 부분의 퀄리티는 떨어지지만 전체적으로는 무난하게 번역을 한다고 평가했습니다. 저는 구체적인 계약 조건의 협의도 양쪽의 입장을 고려해 중재를 맡았고 다행히 별 탈 없이 계약이 체결되었습니다.

그 여자 후배는 의도치 않게 오랫동안 제게 자신의 글을 보여 주었습니다. 그러면서 후배 자신은 중국 철학 전공자로서 오랫동안 공부를 해 왔습니다. 저는 이런 사항을 감안해 그녀의 실력을 기본적으로 파악한 상태에서 번역을 소개해 주기로 결정한 것이고요. 이제 앞에서 제가 왜 '번역가 지망생은 자신의 실력을 어필할 필요도, 의도적으로 어필할 수도 없다'고 말했는지 설명이 되었다고 봅니다.

선배 번역가와 편집자의 시야 안에 있기만 하면 번역가 지망생은 늘 글과 경력으로 은연중에 자신을 어필하는 것이나 다름없습니다. 특히나 무형의 실체인 경력보다는 당장 눈으로 보이는 글이 더 크게 어필하겠지요. 따라서 번역가 지망생은 어떤 글도 허투루 써서 남에게 보이면 안 됩니다. 정식 번역이나 번역 기획서뿐 아니라 SNS에 올리는 일상적인 잡문도 마찬가지입니다. 번역가가 되고 싶다면 남에게 보이는 자신의 모든 글에서 개성과 내공을 드러

내야 합니다. 언제 어디서 '매의 눈'에 띌지 모르는 일이니까요.

제 눈에 띄어 번역가가 된 사람은 그 여자 후배만이 아닙니다. 특히 서는 비정기적인 제 번역 강의에 참여하는 수강생을 주목합니다. 매주 그들이 숙제로 제출하는 번역문을 평가하며 일을 연결해 줘도 되는 수준인지 끊임없이 저울질하지요. 일정한 수준을 변함없이 유지하는 수강생이 눈에 띄면 어떻게든 일을 연결해 주려 애씁니다. 번역가의 길은 고단하고 불안합니다. 그런 길을 가려고 마음먹은 데다 실력과 열정까지 갖춘 사람이라면 반드시 기회를 얻는 것이 공정하다고 저는 생각합니다. 이미 그 길을 걷고 있는 선배 번역가 그리고 항상 많은 번역가와 협업하는 편집자는 거의 예외 없이 이런 생각을 품고 있습니다. 따라서 번역가 지망생에게 수줍어하지 말고, 눈치를 보지도 말고 편안하게 자신을 드러내기를 권합니다. 조금 긴장이 되기는 하겠지만 그 날카로운 매의 눈에는 따뜻한 관심과 성의가 깃들어 있기도 하다는 것을 잊지 말았으면 합니다.


## 경계해야 할 번역 에이전시

친분 있는 사람의 소개로*번역가가 되는 것은 아무리 따로 객관적인 평가를 거치더라도 다소 운이 작용해야만 합니다. 이제부터는 번역가 지망생이 오직 자신의 힘만으로 적극적이면서도 능동적으로 번역가가 되는 두 가지 경로를 살펴보겠습니다.

첫 번째 경로는 굳이 언급하고 싶지 않지만 경계하라는 의미에서 짧게 이야기하고자 합니다. 그것은 출판사와 번역가를 중개하는 번역 에이전시에 원서를 넣어 소속 번역가가 되는 방법입니다. 이 방법도 어떤 면에서는 괜찮습니다. 단 '처녀작' 출간에 한해서만 그렇습니다. 번역 에이전시는 출판사의 번역 의뢰를 받아 소속 번역가를 소개해 주고 중간에서 수수료를 취합니다. 수수료율은 업체에 따라 다르지만 상당히 높은 편이라고 알고 있습니다. 아직 자기 이름으로 출간된 책이 없는 번역가 지망생은 그런 조건을 감수하고서라도 번역 에이전시를 통해 일을 맡을 필요가 있습니다. 번역가 지망생에게 첫 번역서는 너무나 중요한 자산입니다. 어떤 출판사도 경력이 전혀 없는 번역가에게 안심하고 일을 맡기려 하지 않습니다.

한편 출판사도 번역 에이전시를 통해 번역을 의뢰하면 편리한 점이 많습니다. 직접 번역가를 찾고 섭외하는 업무를 덜뿐더러 요즘 번역 에이전시는 기본 편집도 해 주기 때문에 비교적 깨끗한 번역 원고를 받을 수 있을 것이라 기대합니다. 그렇다고 직접 번역가를 찾아 의뢰하는 것보다 비용이 많이 들지도 않습니다. 출판사-번역 에이전시-번역가의 이 삼각관계에서 금전적으로 손해를 보는 쪽은 수수료를 공제당하는 번역가밖에 없습니다.

저는 번역가 지망생이 일단 번역 에이전시 소속으로 처녀작을 출간한 다음에는 번역 에이전시를 나와 그 처녀작을 발판으로 직접 출판사와 교섭해 일을 따내기를 권합니다. 번역은 높은 수수료를 지불하면서까지 계속할 만큼 부가 가치가 높은 일이 아닙니다. 만약 처녀작 출간 후에도 2-3년씩 계속 번역 에이전시를 끼고 번역한다면 아마도 생활고로 번역가의 길을 포기하기 쉬울 겁니다. 게다가 번역 에이전시는 소속 번역가와 출판사가 직접 접촉하는 것을 금지하여 번역가가 출판계에서 인적 네트워크를 형성하지 못하게 합니다. 따라서 번역가 지망생은 번역 에이전시에 오래 있으면 있을수록 저임금 노동에 시달리고 아무리 번역서를 많이 내도 아는 출판사와 편집자가 없어 독립할 능력을 갖지 못합니다. 저는 이런 이유로 번역가가 절대로 번역 에이전시와 관계를 오래 유지하면 안 된다고 봅니다.

## 번역 기획서의 의의

다음 두 번째 경로는 가장 중요하면서도 일반적인, 번역가 지망생이 직접 출판사의 문을 두드릴 수 있는 방법인 '번역서 기획'입니다. 스스로 내고 싶고 낼 수 있으며 내야 마땅하다고 생각하는 원서를 골라 기획서를 작성해 적합한 출판사에 투고하여 출간을 타진하는 방법이지요. 아마도 많은 번역가 지망생이 이 방법을 어렴풋이 알고 있으면서도 어떤 두려움 때문에 시도조차 못하고 있을 겁니다. '과연 출판사에서 내 기획서를 검토해 줄까?' 하는 두려움입니다. 이 두려움은 일리가 있습니다. 김영사 같은 대형 출판사를 보면 하루에도 몇 건씩 다양한 출판 기획서가 접수됩니다. 그중에는 집필 기획서도 있고 번역 기획서도 있으며 완성된 원고 전체가 접수될 때도 있습니다. 그 많은 기획서 사이에서 내 기획서가 채택될 수 있을까? 아니 적어도 관심 있는 편집자의 눈에 띄기라도 할까? 사실 그것은 아무도 모릅니다. 다만 출판사의 기획서 검토 기제를 알고 몇 가지 투고 요령을 터득함으로써 최대한 채택 가능성을 높이려는 노력을 해 볼 수는 있습니다.

대형 출판사에는 접수된 기획서를 취합하고 일차적으로 검토하는 편집자가 따로 있습니다. 그 편집자는 일정 기간마다 모인 기획서를 취합해 그중에서 쓸 만한 것을 가려 뽑지요. 그리고 뽑은 기획서를 편집부 회의에 부쳐 최종적으로 출간 여부를 결정합니다. 물론 이것은 대형 출판사의 경우지만 소형 출판사도 투고된 기획서에 관심이 아주 없는 것은 아닙니다. 오히려 소형 출판사일수록 출간 자원이 부족하고 투고되는 기획서의 양이 적으므로 상대적으로 더 관심을 갖고 꼼꼼히 검토할 가능성이 큽니다.

따라서 번역가 지망생으로서는 당연히 적극적으로 번역 기획서를 만들어 투고해야 합니다. 그 결과에 미리 두려움을 가져서는 안 됩니다. 투고한 출판사에서 아무 반응이 없더라도 결코 실망해서는 안 됩니다. 일부 출판사는 기획서를 접수하고도 나중에 그 결과에 대해 전혀 피드백을 보내지 않습니다. 그럴 때 번역가 지망생은 꽤 큰 상처를 받기도 합니다. 그래도 금세 툴툴 털고 일어나 또 다른 출판사를 골라 기획서를 보내는 강단을 지녀야 합니다.

번역 기획서는 단순히 번역가로 데뷔하고 일거리를 구하는 용도로만 중요한 것이 아닙니다. 번역 기획서는 번역가 지망생의 번역가로서의 향후 정체성을 결정짓습니다. 저는 그들에게 자신의 내면을 들여다보라고 제안하고 싶습니다. 그리고 묻고 싶습니다. 앞으로 번역가로서 어떤 책을 번역하고 싶은지 말입니다. 번역 입문자에게 이런 질문은 사실 사치일 수도 있습니다. 기본적으로 번역 입문자는 어떤 책이든 주어지기만 하면 번역할 자세가 돼 있어야 합니다. 만화책이든 무협 소설이든 과학서든 기회만 생기면 따로 공부를 해서라도 번역을 완수해야 합니다. 설령 자신의 관심사와 적성이 인문학 혹은 경제경영 등 어느 한 분야에 쏠려 있다 하더라도 말입니다. 그러나 자신이 기획한 책을 자신이 번역할 수만 있다면 전혀 관심 없는 책을 번역해야 하는 곤혹스러움을 다소나마 피할 수 있습니다.

원칙적으로 출판사는 어떤 번역 기획서를 채택하면 그 기획서를 작성한 번역가에게 번역을 의뢰합니다. 그러므로 번역가는 자신이 번역하고 싶은 책만을 끊임없이 기획,

번역하여 스스로 자신의 정체성을 만들어 나갈 수 있습니다. 이 점은 개성과 취향이 뚜렷한 일부 번역가에게 대단히 중요한 문제입니다. 인문학 취향의 번역가가 평생 처세서만 번역한다고 상상해 보십시오. 그것만큼 힘들고 모순적인 일이 어디 있겠습니까. 그런데 실제로 그런 일이 생길 수도 있습니다. 인문학 취향의 번역가 지망생이 우연히 데뷔작으로 처세서를 번역했고 그 처세서가 괜찮은 판매고를 기록했다고 가정해 봅시다. 그 후로 불특정 다수의 출판사에서는 그에게 비슷한 종류의 번역만을 의뢰할 겁니다. 그렇게 되면 그는 꽤 오랜 기간 '처세서 전문 번역가'라는, 자신에게 맞지 않는 정체성의 틀에서 헤어나지 못할 겁니다.

# 6
## { 번역서 기획 }

### 원서 검토서 쓰기

앞에서 번역 기획서를 언급한 김에 번역가의 번역서 기획에 관해 설명해 보고자 합니다. 번역 원고 외에 번역가가 출판사에 보내는 문서는 두 가지가 있습니다. 하나는 검토서이고 다른 하나는 번역 기획서입니다. 이 두 가지는 유사한 내용과 구조를 담고 있지만 전자는 출판사가 의뢰해 작성하는 것이고 후자는 번역가 스스로 작성하는 것이라는 점이 다릅니다.

먼저 검토서는 출판사가 도서 저작권 에이전시를 통해 입수한 원서의 내용을 알기 위해 번역가에게 요청하는 기획 양식입니다. 출판사마다 원하는 내용이 조금씩 다르기는 하지만 원서의 목차와 전체 개요, 작가 소개, 현지 판매 실적, 매체 보도, 독자 서평, 샘플 번역 그리고 국내 출간

시 예상 반응에 대한 번역가의 개인 코멘트 등을 요구합니다. 이 검토서는 초보 번역가에게는 '동아줄'이고 베테랑 번역가에게는 '계륵'입니다. 출판사가 검토서를 보고 마음에 들어 출간을 결정하면 많은 경우 검토서를 쓴 번역가에게 번역을 의뢰합니다. 그러므로 일이 적은 초보 번역가에게는 일거리를 얻을 수 있는 좋은 기회이지요. 하지만 검토서의 문장과 샘플 번역이 조잡하면 출간을 결정해도 번역을 다른 번역가에게 의뢰할 수도 있으므로 해당 원서를 꼭 번역하고 싶다면 번역가는 공들여 검토서를 작성해야 합니다. 그런데 이미 일이 쌓여 있는 베테랑 번역가는 검토서 의뢰가 달갑지 않습니다. 게다가 검토서가 실제 출간으로 이어지는 확률은 열 권 중 한 권도 안 되고 검토료도 10-20만 원에 불과해서 더더욱 짜증을 불러일으킵니다. 그래서 연차가 오래된 일부 번역가는 검토 의뢰를 거절하거나 일이 부족한 다른 번역가에게 연결해 주곤 합니다. 물론 원서가 자기 마음에 쏙 들면 그렇게 하지 않겠죠.

예전에 저도 검토를 많이 의뢰받았고 그때마다 인상을 찌푸리곤 했습니다. 지금은 그나마 오른 편이지만 십 년쯤 전에는 대부분 검토비가 달랑 5만 원이었습니다. 사실 검토서를 작성하려면 책을 어느 정도 읽고 문서를 다 꾸미기까지 이틀 정도 시간이 걸립니다. 겨우 5만 원을 받기 위해 하던 번역도 중지하고 이틀을 낯선 텍스트 분석에 쏟는 것은 꽤나 성가신 일이었죠. 물론 출판사의 입장도 이해가 안 가는 것은 아닙니다. 앞에서도 말했다시피 검토를 통해 출간으로 이어지는 원서는 극히 일부이므로 검토비는 출판사로서는 대부분 '날리는 돈'이고 그래서 가능한 한 아끼려고 하는 겁니다. 하지만 그것은 어디까지나 출판사의 입장이고 번역가도 번역가 나름의 입장이 있으므로 저는 딱 검토비만큼의 시간과 노력만 들여 검토서를 작성하려 했습니다. 초보 번역가는 그래서는 안 되겠지요. 어떻게든 새 번역 일을 확보해야 하고 출판사에 좋은 인상도 줘야 하니까요.

## 번역서 기획의 필요성

저는 지금까지 여러 분야의 중국 도서를 국내에 소개해 왔지만 제 전공이 중국 문학이기 때문에 주로 중국 소설 기획을 여러 출판사와 손잡고 진행했습니다. 쑤퉁, 주원, 한둥, 팡팡 같은 중진 작가 그리고 마이자, 펑탕, 루네이, 아이 같은 신진 작가의 작품을 실물 도서나 피디에프 원고로 읽어 보고 중국 출판사에 저작권을 의뢰하는 한편, 한국 출판사에 번역 기획서를 제출해 출간을 성사시켰습니다. 이에 대해 어떤 사람은 의문을 품을 수도 있습니다. '번역가가 번역만 하면 되지 굳이 그런 일까지 할 필요가 있나?'라고 말입니다. 맞습니다. 스스로 원하지 않는다면 굳이 그런 일까지 할 필요는 없겠죠. 그러니 제가 '굳이 그런 일까지 한' 데에는 뭔가 이유가 있겠죠? 번역 일도 바빠 죽겠는데 아무 목적 없이 그런 번거로운 일을 떠맡지는 않 겠죠. 앞에서 저는 번역 기획서 작성이 번역가 고유의 정 체성을 결정짓는다고 말했습니다. 따라서 저는 중국 문학 기획을 통해 중국 문학 전문 번역가로서의 제 정체성을 다 져 왔다고 말할 수 있습니다. 나아가 한마디 더 덧붙인다 면, 저는 번역서 기획으로 제가 번역하고 싶은 책을 골라 번역할 수 있는 자유를 획득합니다.

아마도 일반인은 번역가가 출판사나 다른 기관의 의뢰 를 받아 '수동적으로' 번역을 한다고 생각하겠지만, 꼭 그 렇지는 않습니다. 번역가가 기획자를 겸하면 자신의 취향 에 맞는 책을 선택해 번역할 수 있습니다. 이 문제는 자세 히 들여다보면 굉장히 중요합니다. 사실 중국어 번역은 아 직 영어 번역처럼 세분되어 있지 않습니다. 소설 전문 번 역가, 경제경영서 전문 번역가, 과학서 전문 번역가, 이런 식으로 전문 번역 분야가 나뉘어 있지 않기 때문에 스스로 기획을 하지 않으면 자신이 소설을 전공했거나 소설 번역 이 체질에 맞아도 여행서든 자기계발서든 의뢰가 들어오 는 대로 꼼짝없이 번역을 해야만 합니다. 그러면 번역이 그리 즐겁지가 않겠죠? 내가 좋아하는 책, 내가 관심이 가 는 책을 번역해야 더 신이 나고 열중할 수 있을 테니까 말 이죠. 그렇습니다. 번역서 기획은 번역가에게 정체성과 함 께 자유를, 그리고 독립을 선사합니다.

## 원서 검색의 경로

그러면 번역서 기획을 위해 원서는 어떤 경로로 고르고, 어떤 기준에 따라 골라야 할까요? 중국어 번역가인 저는 첫째, 중국 도서 관련 사이트, 둘째, 전문 스터디 모임, 셋째, 중국 현지 서점 방문을 통해 원서 정보를 구합니다. 먼저 중국 도서 관련 사이트를 꼽아 보면 중국 최대의 온라인 서점 당당넷當當網, 서평 전문 사이트 더우반독서豆瓣讀書, 중국 출판 전문 주보인 중국출판전매상보中國出版傳媒商報가 있습니다. 당당넷에서는 예스24와 마찬가지로 현재 중국 온라인에서 판매되는 각종 도서를 출간 순서와 판매량에 따라 검색해 볼 수 있습니다. 비록 자세한 판매 부수는 체크할 수 없지만 이번 주, 이번 달, 이번 연도, 나아가 최근 3년간의 베스트셀러를 분야별로 조감할 수 있는 코너도 있습니다. 더우반독서에서는 주요 도서의 자세한 독자 서평을 접할 수 있으며, 중국출판전매상보가 매주 제공하는 '독서주보'에서는 그 주의 주요 신간 정보를 얻을 수 있습니다.

하지만 애초에 번역가에게 기획자로서의 뚜렷한 목적의식이 없다면 이 경로로 접하는 도서 정보는 그저 의미 없는 파편일 뿐입니다. 예컨대 '나는 중국의 최근 순문학 소설을 기획하겠다' 또는 '나는 『삼국지』 관련서를 골라 보겠다' 정도의 굵은 줄기를 잡고 기획에 임하면서 몇몇 마음 맞는 사람과 스터디 모임을 만들어 의견을 나눈다면 큰 도움이 될 겁니다. 제 경우는 '중국 최근 소설 읽기 세미나'라는 모임을 2년간 운영하며 1980년대 이후 중국 순문학 소설의 흐름과 주요 작가 정보를 축적해 두 출판사의 중국 현대 소설 시리즈 기획에 활용한 적이 있습니다. 이처럼 장기적이고 전문적인 기획 작업에는 공동 연구와 토론이 매우 효과적입니다.

이어서 마지막 경로인 현지 서점 방문은 온라인 도서 검색이 편리해진 지금으로서는 소요되는 경비와 시간을 감안할 때 예전만큼 매력적이지 못합니다. 그러나 예전에 베이징 중관춘과 시단의 신화서점, 난징의 셴펑서점 같은 대형 매장에서 2-3일씩 죽치고 앉아 특정 주제의 도서를 집중적으로 읽고 고르던 기억은 돌아보면 무척 낭만적이며 의외의 수확을 얻은 적도 있습니다. 자유롭게 서가와 서가를 옮겨 다니며 즐기는 '소요'逍遙의 독서는 번역가의 견문과 안목을 크게 넓혀 주기도 합니다.


**원서 선택의 기준**

이제 어떤 기준에 따라 기획할 원서를 골라야 할지 논의해야 할 시점입니다. 이 문제는 실로 간단치가 않습니다. 근본적으로 고려해야 할 기준이 워낙 다양하기 때문입니다. 우선 중국에서 잘 팔리는 책에 주목해야 할까요, 아니면 한국 트렌드에 맞는 책에 주목해야 할까요? 중국의 베스트셀러라고 해서 한국에서도 베스트셀러가 되리라는 법은 없습니다. 중국에서 1천만 부가 팔린 슈퍼 베스트셀러 소설 『늑대토템』은 김영사에서 출간되어 1만 부도 팔리지 못했습니다. 그렇지만 일반적으로는 현지에서 베스트셀러가 된 도서가 내용 면에서 기본 퀄리티가 보장된다고 인정받습니다. 따라서 상식적으로 생각할 때 가장 이상적인 경우는 한국을 비롯해 전 세계적 트렌드에도 맞고 중국에서도 베스트셀러가 된 도서일 겁니다. 2008년 세계 금융 위기의 이슈를 업고 중국과 한국에서 모두 히트한 쑹홍빙의 『화폐전쟁』, 중국중앙텔레비전CCTV의 대중교양 프로그램 『백가강단』百家講壇의 붐에 힘입어 먼저 중국에서 히트하고 이어서 유독 『삼국지』를 편애하는 한국에서도 사랑을 받은 이중톈의 『삼국지 강의』를 그 예로 들 수 있습니다.

안타깝게도 이런 대형 타이틀은 번역가의 눈에 띄기도 전에 한국 출판사에 저작권이 팔려 출간돼 버립니다. 저작권 에이전시의 발 빠른 행보 때문입니다. 신원 에이전시, 에릭양 에이전시, 북코스모스 에이전시의 중국 파트 그리고 중국 전문 에이전시인 실크로드 에이전시 등이 주목할 만한 중국 신간 베스트셀러를 정기적으로 정리해 한국 출판사에 뉴스레터로 알립니다. 최근에는 출간 전 기대작의 원고를 피디에프 파일로 미리 제공하기까지 합니다. 그러면 출판사는 이미 거래가 있는 번역가에게 검토를 맡기고 그 결과에 따라 출간을 결정해 버리죠. 사실 이런 시스템에서 번역가가 베스트셀러를 선점해 기획하기란 거의 불가능하다고 봐야 합니다.

그렇다면 번역가는 한국의 최근 이슈나 트렌드와 접점이 있으면서 상대적으로 덜 알려진 원서를 고르는 것도 적절한 전략이라고 봅니다. 다소 오래된 일이기는 하지만 저는 한국에서 한창 수도 이전 문제가 이슈로 다뤄질 때 과거 중국 왕조의 수도가 어떻게 쇠락했는지 조명한 역사서를 기획해 무난히 출판사의 출간 결정을 얻어 낸 적이 있습니다. 이것이 중국 대중서 기획의 전략이라면, 중국 소설을 기획할 때면 일부러 한국 작가에게서는 발견할 수 없는 서사와 상상력을 보여 주는 작품을 고르려고 합니다. 한국의 외국 소설 독자가 원하는 것은 바로 그런 이국성이기 때문입니다. 하지만 이런 전략은 결코 장기적이지 않습니다. 중국이 지금처럼 계속 발전하여 무조건 그들을 얕잡아보는 한국인의 시각이 바뀐다면 언젠가 중국의 전형적인 이슈를 담은 대중서나 한국 소설과 스타일이 비슷하면서도 수준은 훨씬 높은 중국 소설을 기획해야 할지도 모르니까요.

## 번역 기획서 쓰기

마지막으로 가장 중요한, 번역 기획서 쓰는 법을 살펴보기 전에 먼저 출판사의 채택률을 높이는 투고 요령을 간단히 알아보겠습니다. 누구나 짐작하듯이 첫째, '타깃'을 정확히 잡아야 합니다. 자신이 기획한 책에 관심을 가질 만한 출판사를 최대한 신중하게 골라 번역 기획서를 투고해야 합니다. 그러려면 후보 출판사의 과거 출간 리스트를 꼼꼼히 체크하고 그 경향을 파악해 자신이 기획한 책의 성격과 맞춰 보는 것이 기본입니다. 둘째, 번역 기획서를 보낸 후 접수 여부를 이메일 혹은 전화로 묻고 향후 결과와 상관없이 꼭 채택 여부를 알려 달라고 부탁합니다. 채택 여부를 빨리 파악해야 혹시 결과가 안 좋을 경우 다른 출판사에 재차 투고할 수 있기 때문입니다. 동시에 여러 출판사에 투고하면 되지 않느냐고 묻는 사람도 있겠지만 제 경험상 그것은 예의가 아닙니다. 마지막으로, 가능하다면 최대한 친분이 있거나 인맥이 닿는 출판사 편집자에게 직접 투고하는 방법을 찾아봅니다. 출판도 사람이 하는 일이기 때문에 번역 기획서를 출판사 대표 메일로 보내는 것보다는 그곳의 아는 편집자에게 개인적으로 보내 검토를 부탁하면 좀 더 빠르고 상세하게 피드백을 받아 볼 수 있습니다.

그러나 아무리 효과적인 방식으로 투고하더라도 번역

기획서 자체가 조잡하면 아무 소용이 없겠죠. 과연 어떻게 번역 기획서를 써야 편집자의 관심을 끌 수 있을지 고민해 보겠습니다. 번역 기획서를 구성하는 기본 요소는 보통 다음과 같습니다.

1. 원서 이름과 출판사, 간행 연도
2. 예상 원고량
3. 저자 소개: 약력 외에 지명도 강조
4. 내용 소개: 책의 주제와 핵심 콘셉트 제시
5. 현지 반응: 판매 부수나 베스트셀러 순위 또는 특징적인 매체 보도
6. 기획자 코멘트: 책의 내용에 대한 평가, 책의 타깃 독자, 판매와 마케팅 포인트, 현재 한국에서 동종 도서 판매 현황 등
7. 샘플 번역: A4 3–5쪽

이상은 기본적인 틀일 뿐입니다. 도서의 성격에 따라 앞의 7가지 구성 요소는 분량도, 강조점도 달라질 수 있습니다. 예를 들어 현지에서 판매는 부진했지만 저자의 한국 내 지명도가 높다면 3번의 저자 소개에서 그 점을 강조해야 합니다. 반대로 저자의 한국 내 지명도는 낮지만 현지 판매가 잘되었다면 역시 그 점을 자세히 소개해야겠죠. 또한 샘플 번역은 그 책의 장점을 가장 잘 보여 주는 부분을

택해 작성합니다. 사회과학서라면 해당 도서의 콘셉트를 담고 있는 저자 서문을 꼭 번역하고, 소설이면 가장 흥미진진한 부분을 발췌해 번역합니다. 이처럼 책 성격에 따라 다른 전략으로 접근해 번역 기획서를 작성해야 합니다.

여기에서 한 가지 돌발 변수가 생길 가능성을 참고로 지적하겠습니다. 번역가가 빼어난 번역 기획서를 적당한 출판사에 투고해 출간 결정이 났는데도 나중에 그 번역 의뢰가 다른 번역가에게 갈 수도 있습니다. 이런 사태는 기획한 번역가의 실력을 출판사에서 믿지 못하는 경우에 주로 발생합니다. 이럴 때 그 번역가는 한마디로 '낙동강 오리알'이 돼 버리고 말지요. 힘들게 원서를 뒤적여 가며 번역 기획서를 쓴 대가로 그에게 돌아가는 것은 소액의 기획료 혹은 기획 인세 정도입니다. 일시불의 기획료를 택하면 30−50만 원, 기획 인세를 택하면 초판 판매가의 1퍼센트 정도밖에 못 받을 겁니다. 번역가는 이런 불상사가 발생하지 않도록 번역 기획서를 작성할 때 샘플 번역 등을 통해 최대한 자신의 번역 실력을 피력해야 합니다.

# { 7 번역 계약 }

## 매절과 인세

길고 힘든 준비 과정을 거쳐 마침내 출판사로부터 정식으로 번역 의뢰를 받으면 번역가는 출판사 사무실이나 제삼의 장소에서 출판사 사람을 만나 번역 계약을 맺습니다. 첫 계약을 할 때는 기뻐서 가슴이 두근거리겠죠. '드디어 내가 번역서를 내게 되었구나!' 하고 속으로 환호를 할 겁니다. 그래도 빨리 가슴을 가라앉히고 '저작 재산권자'인 번역가로서 '출판권 및 전송권자'인 출판사와 체결할 '번역 출판권 및 전송권 설정 계약'의 문서(번역 계약서)를 꼼꼼히 들여다보아야 합니다. 현재 출판사의 표준 번역 계약서 양식은 보통 4쪽이며 그 안에는 계약 쌍방의 권리와 의무 설정, 계약의 법적 효력 등 여러 가지 내용이 담겨 있습니다. 그중 통상적으로 번역가가 주의 깊게 살펴야 할

조항은 딱 세 가지, '선불금'(계약금)과 '번역비와 지급 기한' 그리고 '원고의 인도 기한'뿐입니다.

저는 먼저 번역비(계약금+잔금)에 관해 이야기하려고 하는데 이를 위해서는 먼저 번역비를 설정하는 두 가지 방식인 매절과 인세를 이해해야 합니다. 매절은 원고지 1매당 번역료를 정해 전체 번역 매수에 따라 지불받는 방식입니다. 번역가가 매절 계약을 한다는 것은 번역료를 받고 자신의 권리를 통째로 출판사에 넘기는 것을 뜻합니다. 따라서 자신이 번역한 책이 아무리 많이 팔려도 추가 번역료를 받을 수 없습니다. 보통 매절 번역료는 일급 번역가의 경우 원고지 1매당 4,500-5,000원이며 평균적으로는 3,500-4,000원이라고 알고 있습니다. 이렇게 원고지 매수를 기준으로 이야기하면 감이 잘 오지 않을 겁니다. 일반적으로 400쪽짜리 책 한 권의 분량이 원고지 1천 매 정도입니다. 책의 난이도와 번역가의 번역 속도에 따라 편차는 있지만 보통 이 정도 분량을 번역하려면 한두 달이 소요됩니다.

이어서 인세는 원고 분량과 상관없이 책의 발행 부수에 맞춰 권당 정가의 5퍼센트 정도를 번역료로 받는 방식입니다. 저자 인세는 10퍼센트가 기준이지만 번역 인세는 해외 저자가 일차로 6-8퍼센트의 인세를 받기 때문에 5퍼센트가 고작입니다. 만약 어떤 소설을 5퍼센트 번역 인세로 계약했는데 그 소설이 초판 1쇄로 2천 권 발행됐고 권당 정가가 14,000원이라고 해 봅시다. 그러면 번역가가 받는 인세는 5퍼센트×2,000×14,000이므로 140만 원입니다. 한두 달 힘들게 번역한 대가치고는 굉장히 적지요? 하지만 인세 방식이므로 책이 많이 팔리면 팔릴수록 추가 인세를 받을 수 있습니다. 혹시 그 소설이 인기가 있어서 1만 부를 연달아 발행한다면 번역가는 700만 원을 손에 쥘 수 있습니다! 만약 번역 분량이 원고지 1천 매고 매절로 계약했다면 번역료가 400만 원일 테니 훨씬 이득인 셈이지요. 물론 반대로 인기가 없어 1쇄 발행에 그친다면 매절 번역료보다 260만 원을 손해 볼 수도 있습니다.

그래서 번역가는 번역 계약을 맺을 때 혹시 자신에게 매절과 인세 중 어느 한쪽을 택할 수 있는 여지가 있다면, 해당 도서의 판매 전망을 고려해 신중하게 결정해야 합니다. 그러나 해당 도서가 많이 팔릴 것으로 기대되는 유명 저자의 베스트셀러인 경우에는 번역가에게 선택권이 없습니다. 출판사는 당연히 매절 계약을 요구할 겁니다. 거꾸로 판매가 부진할 것 같은 책이면 인세 계약을 하자고 유도하겠죠. 사실 최근에는 도서 판매가 부진하고 초판 1쇄 발행 부수도 2천 부 이하로 줄어들어, 번역가는 대부분 매절 계약을 선호하며 출판사도 학술서처럼 번역 분량이 방대해 도저히 매절 번역료를 감당하기 힘든 경우가 아니면 인세 계약을 요구하지 않습니다. 생각해 보십시오. 인세 계약을 했다가 초판 1쇄 부수도 다 팔리지 않으면 매절 번역료의 절반도 건지지 못할 텐데 어떤 번역가가 그런 모험을 감행하겠습니까.


## 예외적인 인세 계약과 반인세

간혹 예외적인 사례도 있기는 합니다. 저는 전형적인 '생계형 번역가'로서 줄곧 매절 계약을 고수해 왔지만 평생 딱 두 번 인세 계약을 맺은 적이 있습니다. 첫 번째는 왕후이의 학술서 『죽은 불 다시 살아나』의 계약입니다. 분량이 원고지 2,700매나 되는 이런 난해한 책을 매절로 계약해 주는 출판사는 대한민국 어디에도 없습니다. 당시 저는 찢어지게 가난한, 아직 대학원 박사 과정을 다니는 가장이었지만 분에 넘치게도 그 책을 인세 계약으로 맡았습니다. 책이 죽도록 마음에 들었기 때문입니다. 아무리 시간이 오래 걸려도, 금전적 대가가 아무리 적어도 그 어마어마한 책을 내 손으로 근사하게 번역해 한국 독자에게 선보이고 싶었습니다. 2년간 죽을 고생을 다해 그 책을 완역하고도 200만 원밖에 손에 못 쥐었지만 저는 기뻤습니다. 『죽은 불 다시 살아나』는 제 번역 경력에서 가장 자랑스러운 한 획이 되었을 뿐 아니라 제게 번역가로서의 자부심과 정체성을 심어 주었습니다. 이처럼 번역가가 자신의 번역생애에 기념비로 남기고 싶은 책을 만난다면 한 권 정도는 손해를 무릅쓰고 인세 계약을 해도 무방하다고 생각합니다. 어쨌든 번역가는 아무리 궁해도 명예와 의의를 주식으로 먹고 사는 인종이니까요.

저의 두 번째 인세 계약 도서는 청소년판 『아Q정전』입니다. 루쉰의 대표 중단편 몇 편을 묶은 책이어서 분량이 적었습니다. 겨우 원고지 200매밖에 안 됐습니다. 그리고 이 책의 번역을 인세 계약으로 제안하면서 출판사가 던진 제안이 무척 매력적이어서 저는 매절 계약을 고집하지 않았습니다.

"이 책은 저희 출판사의 세계 청소년 명작 시리즈에 들어갈 거예요. 스테디셀러가 될 테니 인세 계약을 하시는 게 여러모로 이익일 거예요."

일리 있는 말이었습니다. 오래 팔릴 수 있고 원고 분량도 적으니 인세 계약을 하기에 안성맞춤이었습니다. 그래서 저는 서슴없이 인세 계약을 맺고 금세 번역을 마쳤습니다. 이 책은 실제로 매년 20-30만 원씩 인세를 제 통장에 꽂아 줍니다. 이미 매절 번역료를 넘어섰고 앞으로도 제게 쏠쏠한 '소고기 값'이 돼 주리라 예상합니다. 어쨌든 이렇게 분량이 적으면서도 오래 팔릴 만한 책은 인세 계약을 하는 것이 현명한 방법입니다.

한편 매절과 인세를 절충하는 '반인세'라는 방식도 존재합니다. 반인세라는 말은 적당한 용어가 떠오르지 않아 제가 임의로 붙인 이름입니다. 사실 계약 조건을 매절로 해야 할지, 인세로 해야 할지 결정 내리기 힘든 책이 있습니다. 저자가 지명도가 있고 책도 재미있는데 정작 판매가 잘될지는 미지수인 책이죠. 일부 출판사는 이런 책을 인세로 계약하자고, 자신들이 잘 팔아 보겠다고 번역가를 유혹합니다. 그러면 번역가는 고민에 빠집니다. 안정을 지향한다면 당연히 매절을 고집해야 하지만 베팅을 해 보고픈 마음도 떨치기 힘듭니다. 이럴 때 저는 반인세를 고려해 보기를 권합니다. 반인세는 인세로 계약하기는 하되 '선인세'를 최대한 많이 확보하는 겁니다. 즉 책이 많이 팔리든 적게 팔리든 일정 금액 이상의 선인세는 반드시 지급하도록 출판사로부터 확약을 받는 것이지요.

예를 들어 원고지 1천 매 분량의 책을 반인세로 계약할 경우, 인세율을 5퍼센트로 설정한 상태에서도 별도로 선인세를 원고지 1매 4,000원 기준 매절 번역비의 70퍼센트를 요구한다고 해 봅시다. 그러면 최소한 280만 원을 확보하는 겁니다. 그다음에 번역 원고를 완성해 넘기고 판매 추이를 봐서 잘 팔리면 발생 인세가 선인세 280만 원을 초과하는 시점부터 추가 인세를 받는 것이고 안 팔리면 이미 받은 선인세 280만 원으로 만족하는 것이죠. 이렇게 하면 완전 인세 계약의 리스크를 조금이나마 덜 수 있습니다. 매절 계약을 고수하는 저로서는 이런 반인세 조건도 꺼리는 편입니다. 하지만 친분이 깊은 출판사나, 제 쪽에서 새로 관계를 맺고 싶은 출판사가 부탁을 하면 응낙할 때도 있습니다. 물론 비교적 생활에 여유가 있을 때 가능한 일입니다.

## 번역비의 지급 기한

번역가는 번역 계약서에 기재된 계약금과 잔금의 지급 기한도 눈여겨봐야 합니다. 번역 계약금은 원서의 분량에 따라 조금 적기도 하고 많기도 하지만 보통은 50−100만 원입니다. 베테랑 번역가는 200만 원을 요구해 받기도 합니다. 어차피 계약금은 전체 번역료에 포함되는 것이므로 많이 받아 봤자 그만큼 나중에 잔금 액수가 줄어듭니다. 그렇지만 당장 생활비 부담을 던 상태에서 안정적으로 번역을 하고 싶다면 조금 많이 달라고 출판사에 요구할 필요도 있습니다.

계약금은 거의 계약 체결 직후 번역가에게 지급되는 것으로 계약서에 기재되어 있습니다. 그러나 늘 예외는 있게 마련이지요. 소액이어서 대부분 문제없이 곧장 지급되지만 간혹 차일피일 지급을 미루는 출판사도 없지 않습니다. 그러면 번역가는 어떻게 해야 할까요? 출판사에 연락해 확인도 해야 하지만 무엇보다 계약금이 지급될 때까지는 번역을 시작하지 말아야 한다는 것이 제 의견입니다. 한 권의 번역서가 출간되기까지는 알고 보면 우여곡절이 꽤 많습니다. 해외 저작권자의 구두 승인만 믿고 출판사가 저작권 계약서를 교환하지 않은 채 번역부터 추진하던 타이틀이 다른 저작권 구매자의 개입으로 순식간에 뒤집힐 때도 있고, 불가피한 사정으로 출판사가 급히 번역가를 교체할 때도 있습니다. 따라서 번역가는 번역 계약서에 사인을 했다고 곧장 번역에 돌입하면 안 됩니다. 계약의 효력은 계약금이 지급되어야 발휘됩니다. 계약서에 정해진 번역 기한이 빡빡한데 어떻게 기다리느냐고요? 괜찮습니다. 계약금 지급이 미뤄져 번역 원고가 늦게 완성되면 그 책임은 번역가가 아니라 출판사에 있는 것이니까요.

사실 계약금보다는 잔금 지급이 늦어지는 것이 번역가에게 훨씬 더 큰 문제입니다. 그래서 번역가는 계약서의 잔금 지급 기한 규정을 꼼꼼히 따져야만 합니다. 최선의 규정은 당연히 '번역 원고 인도 후 즉시 지급'이지만 그런 일은 현실에 존재하지 않습니다. '번역 원고 인도 후 일주일 내 지급'도 몇 번 보긴 했는데 굉장히 드물지요. 그래서 '한 달 내 지급'만 해도 감사하게 생각합니다. 가장 흔한 것은 아마도 '출간 후 한 달 내 지급'일 겁니다. 저는 이 규정이야말로 한국에서 번역가의 생활과 수명을 가장 위협하는 독소 조항이라고 생각합니다. 왜냐하면 번역가가 원고를 넘긴 후 그 원고가 언제 책이 되어 나올지는 전적으로 출판사의 재량이기 때문입니다. 만약 출판사에 출간 대기 중인 원고가 적체되어 있다면 출간까지 일 년 이상을 기다려야 할 수도 있습니다. 혹시 출판사에서 특정 트렌드가 출현할 것을 기대해 기획한 책이라면 그 트렌드가 사회적 이슈로 떠올라 독자의 수요가 생길 때까지 무한정 기다려야 할 수도 있습니다. 그러므로 번역가는 최대한 출판사와 협의해 잔금 지급 기한이 출간 후로 미뤄지지 않도록 해야 합니다. 만약 출판사가 양보하지 않는다면 최소한 계약서에 "출간은 원고 인도 후 6개월을 넘기지 않는다" 정도의 안전장치를 기재해 달라고 하십시오. 잔금은 전체 번역비의 대부분을 차지하며 다음 역서의 번역비가 나올 때까지 번역가가 생활비로 써야 하는 돈입니다. 반드시 합리적인 선에서 잔금 지급 기한을 정해야 합니다.


## 번역 기한

마지막으로 번역 계약서의 '원고의 인도 기한', 즉 번역 기한에 관해 이야기해 보겠습니다. 번역 기한은 짧으면 3개월, 길면 6개월, 어렵고 두꺼운 인문서는 1년을 기한으로 주기도 합니다. 번역 기한의 엄수는 출판사가 번역가에게 기대하는 최고의 미덕이므로 번역가는 자신이 약속을 지킬 수 있는 기한을 잘 계산해 출판사와 협의하여 정해야 합니다. 다만 이 기한은 잘 지켜지지 않을 때가 많습니다. 이른바 잘나가는 번역가는 특히 더 그렇습니다. 그런 번역가는 이미 계약한 역서가 줄을 서 있기 때문에 한번 스케줄이 밀리기 시작하면 걷잡을 수가 없습니다. 1년이나 2년을 훌쩍 넘겨도 출판사에 원고를 못 넘기기 일쑤지요.

이런 사태를 일으킨 번역가는 그 출판사, 나아가 그 출판사의 불평을 전해 들은 다른 출판사와 협업을 할 생각을 말아야 합니다.

사실 저도 번역 기한을 엄수하는 성실한 역자는 못 됩니다. 한 달 정도는 으레 기한을 넘기기 일쑤이니까요. 그렇지만 불가피하게 기한을 넘겨도 제게는 어떤 원칙이 있습니다. 예를 들어 출간 대기 중인 원고가 산더미처럼 쌓인 대형 출판사의 원고일 때는 별 죄의식 없이 기한을 넘기곤 합니다. 그런 출판사는 제때 원고를 넘겨도 책이 6개월 후에 나올지, 1년 후에 나올지 기약이 없기 때문입니다. 제 경우에는 원고를 넘긴 지 2년이 지났는데도 아직 출판되지 않은 책이 있을 정도입니다. 그러나 작은 출판사의 원고는 무슨 일이 있어도 반드시 기한을 지켜 줍니다. 제 원고가 늦어져 제때 책이 못 나오면 자금 회전이 어려워질 가능성이 있기 때문입니다. 말은 이렇게 하지만 출판사가 크든 작든 장기적으로 좋은 관계를 유지하려면 역시 성실하게 기한을 맞춰 줘야 합니다.

10년 전에 웅진지식하우스에서 출간한 『독종들』에 얽힌 이야기가 떠오르는군요. 『독종들』은 당시 제가 그 출판사와 손잡고 기획한 중국 당대문학 걸작선 시리즈 중 한 권입니다. 워낙 애착을 갖고 기획한 시리즈이기 때문에 저는 꼭 기한 내에 원고를 넘기고 싶었죠. 그런데 앞선 번역들을 먼저 처리하다 보니 남은 기간이 두 달밖에 안 되더군요. 『독종들』은 문체가 무척 정밀한 데다 분량도 원고지 1,800매가 넘는 장편 소설인데 말이죠. 저는 독하게 마음 먹고 아내에게 말했습니다.

"앞으로 두 달, 토요일도 일요일도 없을 거야. 새벽에 나가서 밤 11시에 들어올 거야. 제발 좀 봐줘."

겨우 허락을 받고 고시생 이상으로 빡빡한 일정을 소화했습니다. 식사 시간도 아끼려고 점심, 저녁을 짜장면만 먹었습니다. 짜장면은 5분이면 나오고 역시 5분이면 먹을 수 있으니까요. 짜장 소스에 위장이 다 연탄 색깔이 되었겠다 싶을 즈음, 겨우 기한 내에 원고를 마쳤고 세 달 뒤에 『독종들』은 무사히 출판이 되었습니다. 판매만 잘되었으면 더할 나위 없이 좋았을 텐데 유감스럽게도 그렇게 되지는 못했습니다.


## 번역은 계약 후에 시작해야

계약과 관련해 번역가가 아무리 주의해도 지나치지 않은 사항이 한 가지 더 있습니다. 그것은 계약이 완료되지 않으면 절대로 번역을 시작해서는 안 된다는 겁니다. 이 계약에는 번역 계약뿐 아니라 원서의 저작권 계약도 포함됩니다. 가끔 저작권 계약도 이뤄지지 않은 원서를 구해 자기 혼자 좋다고 취미로 혹은 막연한 기대로 번역하는 사람이 있기도 하지만 그건 번역가가 할 일이 못 됩니다. 그 원서의 저작권을 한국의 출판사에서 실제로 구입할지, 구입하더라도 그 번역이 자신에게 맡겨질 가능성은 있는지는 아무도 모릅니다. 번역가는 그런 불확실한 일에 시간과 노력을 투자하면 안 됩니다.

출판사의 번역 의뢰는 받았지만 아직 정식 계약은 체결하지 않은 책을 무조건 번역하는 것도 당연히 불확실한 일에 속하고 해서는 안 되는 일입니다. 이 일과 관련해서는 매우 복잡한 상황이 벌어지곤 해서 노련한 번역가도 자주 실수를 합니다. 가장 전형적인 예는 번역가가 출판사에 근무하는 지인을 지나치게 믿는 경우입니다. 어느 편집자가 이미 저작권 계약이 완료된 어떤 원서의 번역을 친한 번역가에게 맡기면서 이런 말을 했다고 가정해 봅시다.

"이 책의 담당 편집자가 휴가 중인데 저보고 역자를 구해 달라고 해서 선생님을 추천했어요. 선생님이 워낙 경력이 많으셔서 담당 편집자도 전화로 알겠다고 했어요. 그러니까 먼저 번역을 시작하셔도 돼요. 저희 회사가 올해 출간 라인에 구멍이 생겨서 좀 급하거든요. 번역 계약서는 그 편집자가 휴가 복귀하면 작성하도록 하죠."

게다가 마침 그 번역가가 한동안 일이 없어 쉬고 있었다고 해 봅시다. 원칙대로 '번역 계약이 끝나지 않은 상태에서는 번역을 할 수 없어!'라고 자기 고집을 밀어붙일 수 있을까요? 아마 그럴 수 없을 겁니다. 친한 편집자의 보증과 부탁도 있고 시간도 많으니, 조금 께름칙하기는 하지만 그래도 번역을 시작하겠지요. 그러다가 운이 나쁘면 여지없이 뒤통수를 맞게 됩니다. 난데없이 다른 사람이 번역을 채 가는 것이죠. 그 이유는 여러 가지가 있을 수 있습니다. 담당 편집자가 휴가에서 돌아와 그사이 번역가가 해서 보낸 샘플 번역을 봤는데 자기 마음에 드는 문체가 전혀 아니어서 계약을 포기했을 수도 있습니다. 아니면 그 출판사 대표가 자기 지인을 번역가로 쓰겠다고 뒤늦게 압력을 넣어 산통을 깼을 수도 있습니다. 어느 쪽이든 번역가는 며칠 혹은 몇 주간 매달린 번역을 돈 한 푼 못 받고 송두리째 날리게 됩니다. 이에 대한 보상을 처음에 일을 의뢰해 온 편집자에게 청구할 수 있을까요? 글쎄요, 거의 어렵다고 봅니다. 어쨌든 그 편집자는 선의로 일을 맡긴 것이고 번역가는 앞으로도 그와 친밀한 관계를 유지하는 것이 사업적으로 유리하기 때문입니다. 바로 이런 이유로 번역가는 계약이 끝나지 않은 상태에서는 절대로 번역을 시작하면 안 됩니다.

# { 번역가와 출판사 }

## 마감을 둘러싼 신경전

저는 가능한 한 일정한 규모가 되는 출판사와 일해 왔습니다. 작은 출판사를 무시하는 것은 아닙니다. 사명감 있고 기획력 좋은 작은 출판사도 얼마든지 있고 실제로 같이 일한 적도 있습니다. 다만 출판 환경이 나날이 열악해져서 제때 부담 없이 번역료를 지불할 만한 인지도 있는 출판사를 선호하게 되었을 뿐입니다. 저는 지금까지 휴머니스트, 더난, 창작과비평, 웅진지식하우스, 삼인출판사, 푸른숲, 문학동네, 글항아리, 유유 등과 관계를 맺으면서 일에서든 번역료 지급에서든 다행히 마찰을 겪은 적이 별로 없습니다. 딱 한 번 모 출판사에 번역료를 떼인 적은 있지만 주변 번역가가 그런 일을 허다하게 겪었다고 무용담을 늘어놓는 것을 보면 그래도 저는 운이 좋은 편입니다.

그러면 번역료 외에 번역가와 출판사가 갈등을 겪을 수 있는 주제로 또 무엇이 있을까요? 제일 먼저 떠오르는 것은 '마감'입니다. 평소에 아무리 여유 있게 작업하는 번역가도 마감이라는 소리를 들으면 몸서리를 치지 않을 수 없습니다. 번역가에게 원고 마감보다 더 두려운 것은 번역료 지급의 지연밖에 없습니다. 그에게 마감이 이토록 두려운 것은 마감을 잘 지키는 것이 번역가의 신뢰도와 절대적인 연관성이 있기 때문입니다. 출판사는 어떤 번역가를 가장 싫어할까요? 마감을 걸핏하면 어기는 번역가입니다. 번역가가 마감을 어기면 출판사의 출간 스케줄이 어그러지고 출간 스케줄이 어그러지면 매출 유지에 지장이 생깁니다. 번역가는 이런 민폐를 끼치지 않도록 '기본적으로' 마감을 지켜야 합니다.

제가 마감을 '필사적으로' 혹은 '하늘이 무너지는 일이 있어도' 지켜야 한다고 하지 않고 단지 '기본적으로' 지켜야 한다고 한 데에는 그만한 이유가 있습니다. 보통 전업 번역가는 계약 도서가 한 권만 있는 경우가 드뭅니다. 한 권을 번역한 뒤, 휴지기 없이 바로 그다음 권 번역으로 넘어가야 안정적으로 생계를 유지할 수 있기 때문입니다. 계약 도서를 적어도 서너 권은 늘 쟁여 놓아야 비교적 편안한 마음으로 번역에 열중할 수 있습니다. 인기 번역가는 열 권, 스무 권도 넘게 줄을 세워 놓고 있지요. 이러니 본의 아니게 원고 마감을 어기는 사태가 종종 벌어집니다.

출판사는 번역 기한을 1-2년씩 주지 않습니다. 짧게는 2-3개월, 길게는 6개월 정도 주는 것이 일반적이지요. 여간 어렵고 두꺼운 책이 아니면 기한을 그 이상 주지 않습니다. 왜 그럴까요? 여러 가지 원인이 있을 수 있겠지만 가장 근본적인 원인은 원서 저작권 계약에서 출간 기한이 보통 18개월이기 때문입니다. 저작권 사용 기한은 5년 정도이고요. 따라서 출판사는 저작권 계약 후 반드시 18개월 안에 책을 내려고 합니다. 그래야만 저작권 사용 기한인 5년이라는 기간을 충분히 활용해 최대한 오래 책을 팔 수 있으니까요. 물론 도서의 판매 주기가 점점 짧아지는 최근의 출판 상황에서 이런 고려가 점점 무의미해지기는 합니다. 사용 기한이 지나도 재고 도서는 계속 팔 수 있다는 규정이 있기도 하고요. 하지만 어쨌든 출판사로서는 가능한 한 빨리 번역 원고를 받는 것이 원칙적으로 유리합니다.

이런 상황에서 번역가는 자주 딜레마에 빠집니다. 예를 들어 어떤 번역가가 A출판사와 B출판사에서 동시에 번역 의뢰를 받고 각기 3개월과 6개월 기한으로 계약을 맺었다고 합시다. 그런데 뜻밖에 A출판사 책의 번역 진도가 너무 느려 5개월 만에 탈고하는 바람에 B출판사 책을 번역할 시간이 겨우 한 달밖에 남지 않게 되었습니다. 이럴 때 그 번역가가 택할 수 있는 방법은 세 가지입니다. 첫 번째 방법은 매일 밤을 새워서라도 한 달 내에 번역을 마치는 겁니다. 두 번째는 물리적으로 시간이 너무 모자라다는 것을 인정하고 B출판사에 마감 연장을 부탁하는 겁니다. 마지막으로 세 번째는 번역 기한을 넘기고도 출판사 눈치를 보며 계속 번역을 하다가 담당 편집자가 독촉을 해 올 때마다 원고를 조금씩 끊어 보내면서 "금세 끝납니다. 금세 끝난다고요!"라고 둘러대는 겁니다. 아, 네 번째 방법도 있을 수 있겠군요. 사실 방법이라고 할 수도 없는데, 바로 연락을 끊고 잠적하는 겁니다.

첫 번째 방법은 번역가가 너무 힘듭니다. 규칙적인 생활이 생명인 번역가가 밤을 새우며 번역을 하다니요. 그런 식으로 일을 하면 두고두고 후유증에 시달립니다. 세 번째 방법은 번역가와 출판사가 다 힘이 듭니다. 번역가는 자책감에 시달리며 계속 쫓기듯 번역을 해야 하고 출판사는 화가 끓어오르는데도 최대한 점잖게 번역가를 거듭 재촉해야 합니다. 양쪽 다 피곤한 노릇이죠. 그리고 네 번째 방법은 출판사의 억장을 무너뜨립니다. 기한을 어기고 아무 말 없이 잠적하는 번역가는 출판사 입장에서는 절대악이나 다름없습니다! 이제 남은 것은 두 번째 방법밖에 없지요? 네, 마감을 못 지킬 것 같으면 미리미리 출판사와 상의하고 기한을 다시 협의하는 것이 상책입니다. 그래야 출판사도 출간 기한을 합리적으로 재조정할 수 있으니까요. 물론 처음에 계약할 때부터 현실적으로 넉넉히 번역 기한을 잡는 것이 가장 좋기는 하지만 사람 일이 그렇게 마음대로 되지는 않지요.

## 편집 과정에서 오는 갈등

번역가와 출판사는 번역 원고의 편집을 놓고도 갈등을 겪곤 합니다. 대부분의 번역가는 자신이 번역해 보낸 원고를 출판사 편집자가 크게 손보는 것을 원치 않습니다. 띄어쓰기와 맞춤법의 오류를 고치는 것 말고는 한 글자도 손대면 안 된다고 엄포를 놓는 번역가도 있지요. 편집자는 그런 번역가와 협업하게 되면 무척 신경이 쓰입니다. '한 글자도 손대면 안 된다'는 게 어디 말이 됩니까. 원서 300-400쪽을 몇 달간 번역하는데 번역가도 사람인 이상 실수를 안 할 수 없습니다. 때로는 한 줄, 심지어 한 단락을 통째로 빼먹고 넘어가기도 하지요. 가장 빈번한 실수는 우습게도 연도나 무게 같은 숫자를 잘못 옮기는 겁니다. 그래서 원고를 받으면 우선 숫자부터 원서와 대조하는 편집자도 있습니다.

편집자도 번역가만큼 민감한 인종입니다. 설사 해당 외국어를 모르더라도 번역된 텍스트만 보고 이상한 부분을 귀신같이 잡아냅니다. 그런데 번역가가 한 글자도 손대면 안 된다고 했으니 그는 어떻게 해야 할까요? 일단 일독을 하고서 오역이 의심되는 부분을 일일이 기록해 번역가에게 보내서 원문을 확인해 달라고 조심스럽게 요청합니다. 번역가는 처음에는 짜증이 확 나겠지만 원문을 보고 자신이 실수한 것을 깨달으면 오히려 편집자에게 감사할 겁니다. 이것은 제가 꾸며 본 해피엔딩 스토리입니다. 편집자가 지적한 것이 명확한 실수가 아니고 애매한 해석이나 어색한 표현이면 번역가는 끝까지 자기가 맞다고 고집할 수도 있습니다. 이런 갈등이 심화되면 그 편집자와 번역가는 다시는 함께 협업할 수 없겠죠. 하지만 이런 경우는 극히 드뭅니다. 번역가는 번역을 마치고서 며칠에 걸쳐 꼼꼼히 퇴고한 뒤, 깔끔한 상태의 원고를 편집자에게 보내고 편집자는 그 원고를 몇 번에 걸쳐 편집한 뒤, 자신이 고친 내역과 번역상의 의문점을 출력한 교정 원고나 피디에프 파일을 번역가에게 보냅니다. 번역가는 그것을 쭉 훑어보고 편집자에게 피드백을 보내지요. 그 피드백을 반영해 편집자는 편집을 마무리 짓습니다.

간혹 열정이 과도한 편집자가 번역가의 고유한 문체가 마음에 안 들어 일일이 뜯어고치는 일도 있습니다. 이럴 때 번역가는 그야말로 '꼭지가 돕니다'. 문체는 번역가의 자존심인데 말이죠. 이럴 때는 고친 부분을 또 일일이 되돌려 편집자에게 반송합니다. 저 역시 일주일을 들여 겨우 원상 복구해서 반송한 적이 있습니다. 그런데 그 편집자가 그러더군요. 제가 어디를 고쳤는지 모르겠다고요. 이런 불상사는 보통 초짜 편집자와 협업을 할 때 벌어집니다. 흔히 있을 수 있는 일이므로 크게 괘념하지 않아도 됩니다.

번역 원고를 '개악'하는 편집자보다는 당연히 개선하는 편집자가 더 많습니다. 어쨌든 편집자도 평생 글을 다루며

사는 전문가이니 당연한 일입니다. 푸른숲주니어에서 중국 아동문학가 차오원쉬엔의 청소년 소설 『사춘기』를 낼 때의 일화가 떠오릅니다. 차오원쉬엔의 문체가 너무 화려하고 섬세해서 저는 정말 학을 떼며 번역을 마치고 원고를 넘겼습니다. 그런데 몇 달 뒤 역자 교정 원고를 받고서 저는 깜짝 놀라 담당 편집자에게 전화를 했습니다.

"대체 이 편집이……."

"네, 선생님? 무슨 문제라도……."

저는 너무 기가 막혀 말이 안 나왔고 편집자는 불안해하며 제 뒷말을 기다렸습니다.

"아동서 편집이라는 것이 이런 것이었군요. 모든 단어를 동글동글하게 손봐 주셨어요. 너무 감사하고 수고하셨어요."

모든 아동서 출판사가 그렇지는 않지만 나중에 알고 보니 유독 푸른숲주니어는 편집 단계에서 아이들의 입말에 맞게 원고를 많이 손보는 것으로 정평이 나 있더군요. 웬만하면 번역가가 화를 낼 수도 있는 일이지만 저는 그러고 싶은 마음이 추호도 없었습니다. 그런 작업이 얼마나 공이 많이 들어가는지 짐작이 갔고 또 그렇게 공들인 결과가 썩 마음에 들었기 때문입니다. 제 '아재 번역'이 진정 아이들을 위한 번역으로 탈바꿈했으니까요. 이처럼 편집자가 유능하여 번역의 부족을 메워 줄 수 있다면 번역가는 원고가 많이 바뀌더라도 고맙게 받아들일 수 있습니다.

## 번역가와 출판사의 이상적인 관계

출판사는 번역가에게 일을 의뢰하고, 번역가는 그 일을 하고 출판사에서 대가를 받습니다. 이 형태만 보면 출판사와 번역가의 관계는 영락없는 갑을 관계입니다. 실제로 번역가에게 갑질을 하는 출판사가 있기도 하고요. 그러나 일을 하면서 서로 신뢰가 쌓이면 출판사와 번역가의 관계는 더 이상 갑을 관계가 아닙니다. 서로 의지하고 도움을 주고받는 상생 관계이지요.

현재 한국의 출판계에는 일 년 매출이 1천 억이 넘는 단행본 출판사가 한 곳도 없습니다. 직원 수가 5명에서 10명밖에 안 되는 작은 출판사가 대부분이며 대표 혼자 편집하고 책을 파는 1인 출판사도 허다합니다. 이처럼 기업화한 출판사가 드물기 때문에 출판사와 번역가의 관계가 형식적이기보다는 인간적인 경우가 많습니다. 반대로 그렇기 때문에 출판사의 일 처리가 체계적이지 못하고 비합리적일 때도 있지만 저는 그런 단점은 눈감아 줄 만큼 그들의 인간미를 높이 평가합니다.

제가 대학 사회를 떠나 번역가로 정착한 것도 출판사의 그런 인간미 때문이었습니다. 대학에서 교수들은 반말을 해 가며 제게 자신의 지시대로 정해진 커리큘럼을 소화하라고 강요했습니다. 그런데 출판사에 가 보니 편집자들은 저를 선생님이라고 부르며 제 글 솜씨를 인정하고 제 도움

을 바랐습니다. 저자와 역자에 대한 우대와 깍듯한 태도
는 편집자의 기본이더군요. 그래서 일부 편집자는 "우리
는 감정 노동자야!" 하고 푸념하기도 하지만 당시 저는 감
동을 받았고 여전히 감동을 받고 있습니다. 번역가의 유일
하고도 귀중한 자산은 문장력, 그것 하나입니다. 그리고
이 자산을 높이 평가해 주고 써 주고자 하는 곳도 출판사
한 곳밖에 없습니다. 그러니 번역가의 입장에서 어떻게 출
판사와의 관계를 단순히 갑을 관계라고 할 수 있겠습니까.
저는 기본적으로 번역가와 출판사가 공동운명체라고 생각
합니다.

그렇다고 해서 번역가가 출판사를 허물없는 상대로 보
면 안 됩니다. 업무적으로 보면 서로 주고받는 것이 확실
한 비즈니스 관계이기도 하므로 인간적인 관계를 유지하
되 협업만큼은 받은 만큼 주고 주는 만큼 받겠다고 늘 긴
장해야 합니다. 그러다가 신뢰가 두터워지면 어느 순간 받
은 것 이상으로 주고 주는 것 이하로 받고 싶어지지요. 제
경험을 돌아보면 저는 마음만 그랬을 뿐 친한 출판사와의
관계에서 늘 받은 것 이하로 주고 주는 것 이상으로 받았
습니다. 가난한 프리랜서 번역가로서 그럴 수밖에 없는 측
면도 있지만 그렇다고 미안과 부끄러움이 지워지지는 않
습니다. 그래서 그런 출판사에 어떻게든 좋은 기회를 만들
어 주려고 고민하게 되지요. 저는 이것이 번역가와 출판가
의 이상적인 관계라고 생각합니다.

## 9 번역가의 시간

**번역 계획표 짜기**

　주변의 번역가들이 두어 달씩 슬럼프에 시달리는 모습을 보곤 합니다. 번역에 좀처럼 집중하지 못하고 좀비처럼 축 늘어져 있거나, 전혀 상관없는 책을 보거나, 무의미한 모임에 나가며 허투루 시간을 보냅니다. 다른 일은 일절 하지 않는 전업 번역가일수록 매년 이런 슬럼프 기간이 있는 것 같습니다. 제가 보기에 이런 현상은 그들이 평소에 너무 기계적인 작업 스케줄에 묶여 심신을 소진하기 때문입니다. 번역 계약을 한 책이 줄줄이 있고 각기 정해진 번역 기한이 있어서 그것을 맞추느라 매일 시간 단위로 정해진 작업량을 몇 달씩 소화하다 보면 인간인 이상 지치지 않을 수가 없지요.

　실례로 제가 번역 스케줄을 짜고 운영하는 방식을 공개

해 봅니다. 저는 번역 계약을 맺고 원서를 받으면 먼저 전체 예상 원고량과 번역 기간을 계산합니다. 300쪽짜리 원서인 경우, 샘플로 3쪽을 번역하면 그 번역문의 원고지 매수와 시간당 번역 매수를 추출해 전체 수치를 가늠할 수 있습니다. 예컨대 3쪽의 원고지 매수가 15매이고 시간당 번역 매수가 4매이면 예상 원고량은 1,500매이고 번역 기간은 하루 작업 시간을 10시간으로 잡을 경우 약 38일쯤 되겠군요. 일요일 하루는 쉬어야 하고 중간에 다른 일이 생길 수도 있으니 50일쯤으로 어림잡아야 할 겁니다. 그런데 이것이 끝이 아닙니다. 전체 스케줄을 잡았으니 이제 일 단위로 계획을 짜서 그 계획표를 번역 파일 맨 마지막에 배치합니다. 이렇게 말입니다.

2.1. (목)

4[−7시] / 8[−8시] / 12[−9시] / 16[−10시] / 20[−11시] / 24[−12시] / 28[−2시] / 32[−3시] / 36[−4시] / 40[−5시]

2.2. (금)

44[−7시] / 48[−8시] / 52[−9시] / 56[−10시] / 60[−11시] / 64[−12시] / 68[−2시] / 72[−3시] / 76[−4시] / 80[−5시]

......

3.22. (목)

1,464[-7시] / 1,468[-8시] / 1,472[-9시] /
1,476[-10시] / 1,480[-11시] / 1,484[-12시] /
1,488[-2시] / 1,492[-3시] / 1,496[-4시] / 1,500[-5
시]

이 계획표는 번역 기간 50일 내내 저와 함께합니다. 저는 시간별로 제가 정해진 작업량 4매를 마쳤는지 확인하고 정해진 숫자를 지웁니다. 하루가 지나면 10시간 40매에 해당하는 숫자가, 일주일이 지나면 60시간, 240매에 해당하는 숫자가 지워지겠죠. 참고로 시간당 4매는 제 소설 번역 속도입니다. 실용서 번역은 5매, 사상서 번역은 3매로 원문의 난이도에 따라 속도가 다릅니다. 그리고 번역량을 원고지 매수를 단위로 가늠하는 것은 우리 출판계의 오랜 관행입니다. 아무도 원고지를 안 쓰는 지금, 아직도 원고지 매수를 기준으로 사용하다니 조금은 우스운 일이죠. 문서 번역이나 웹소설 분야에서는 이미 글자 수를 기준으로 삼고 있습니다. 출판계도 차츰 그렇게 바뀌어 가리라 예상합니다.

저는 가능한 한 이 계획표에 따라 번역하려고 애씁니다. 물론 저도 컨디션에 기복이 있고 원서 내용도 부분마다 난이도가 다르니 철두철미하게 계획을 이행하기란 근본적으로 불가능합니다. 그래서 계획표는 어쩔 수 없이 수시로 바뀌고 조정됩니다. 정해진 번역 분량을 완수하지 못해 계획표의 숫자를 조정할 때마다 저는 양심의 가책(?)을 느끼며 스스로를 채찍질합니다. "아, 오늘도 4매를 덜 했네. 도대체 나는 왜 이렇게 살지? 정신 차려야 해!"라고 말입니다.


## 아라비아 숫자의 종신 노예

누구는 "삶의 변수는 늘 있는 법인데 진도 좀 어겼다고 양심의 가책까지 느낄 필요가 있나요?"라고 의아해할 수도 있습니다. 하지만 번역가는 날품팔이 노동자에 가깝습니다. 하루의 번역 매수는 일당이고 한 달의 번역 매수는 월급입니다. 번역 진도가 늦춰지는 것은 곧 집에 가져다주는 생활비가 줄어드는 것과 마찬가지이니 가장으로서 어떻게 양심의 가책을 느끼지 않겠습니까? 그래서 번역가는 번역 일정을 엄수하기 위하여 생활을 철저히 조직화해 기계처럼 살아갑니다.

저는 매일 새벽 4시 반에 일어나 5시 15분에 집을 나서 5시 20분 첫 버스를 타고 역 근처 24시간 커피숍에 도착해 5시 40분부터 하루 일과를 시작합니다. 이렇게 일찍 움직이는 것은 남에게 방해받지 않는 자유로운 시간을 최대한 많이 확보해 일의 효율을 높이기 위해서입니다. 그렇게 정오 무렵까지 번역을 하고 커피숍을 나와 집에 돌아가서 식사를 한 뒤, 다시 집 근처 카페에 가서 저녁 6-7시까지 이어 번역을 하고 귀가하여 휴식을 취합니다. 저녁에는 일절 번역을 하지 않습니다. 드라마를 보고, 가족과 대화를 나누고, 강아지 두 마리와 산책을 하고 10시 반에서 11시쯤 잠자리에 듭니다. 수면 시간은 5시간 30분에서 6시간 정도. 더 자지도, 덜 자지도 않습니다. 이런 하루 일정은 토요일까지 이어지고 번역 기한에 쫓길 때는 일요일도 예외가 아닙니다. 이런 '루틴'은 꼭 지켜져야 합니다. 그래야 컨디션이 일정하게 유지되어 번역 일정에 영향을 주지 않습니다.

그럼 불가피한 약속이 생기면 어떻게 할까요? 약속에는 공적인 약속과 사적인 약속이 있습니다. 먼저 공적인 약속에는 또 제가 도움을 주는 약속과 제가 도움을 받는 약속이 있겠죠. 제가 도움을 주는 약속은 제가 편한 대로 시간과 장소를 정합니다. 상대를 제가 여유 있는 시간에 제가 있는 곳으로 부르지요. 반면에 제가 도움을 받는 약속은 상대가 여유 있는 시간에 상대가 있는 곳으로 제가 갑니다. 사적인 약속은 당연히 이런 기준에 구애받지 않지만 제게 사적인 약속은 거의 없습니다. 두세 달에 한 번 있을까 말까 합니다. 절친한 학창 시절 친구들도 일 년에 한두 번밖에 못 만납니다.

모든 약속은 길지 않게, 부담스럽지 않은 시간에 마무리 짓습니다. 아무리 늦어도 밤 10시를 넘기지 않으며 술은 자제합니다. 일찍 일어나 졸려서 그렇기도 하지만 역시

다음 날 일정에 영향을 미치기 때문입니다. 늦게 귀가해 12시를 넘겨 잠자리에 들면 다음날 4시 반 기상이 부담스럽습니다. 출판계 송년회가 잦은 연말을 제외하면 최대한 그런 일은 없게 합니다. 그리고 낮 시간에 약속이 잡히면 이동 시간과 경로를 잘 계산해 번역 일정에 지장이 가거나 낭비되는 시간이 없게 움직입니다. 예를 들어 12시에 판교에서 미팅이 있다고 해 보죠. 역시 새벽 4시 반에 평소처럼 일어나 곧장 판교로 향합니다. 미팅 장소 근처 커피숍에 자리를 잡고 번역을 하고 있다가 십 분 전 12시에 미팅 장소로 이동합니다. 이런 식으로 최대한 일상의 리듬에 지장이 가지 않도록 합니다. 만약 약속이 여러 개가 잡히면 가능한 한 같은 날, 비슷한 지역으로 몰고 미팅과 미팅 사이의 자투리 시간에도 역시 커피숍에 들러 번역을 합니다.

제 머릿속에서는 언제나 현재까지 마친 번역 매수와 그로 인해 확보한 번역비와 번역 마감일까지 남은 날짜가 빙빙 매암을 돕니다. 저는 아라비아 숫자의 종신 노예나 다름없습니다. 이런 생활을 하다 보면 가끔씩 제가 시간제 노동자 혹은 '번역 기술자' 같다는 기분이 듭니다. 아마 다른 번역가의 삶도 저와 크게 다르지 않을 겁니다. 그러니 몇몇 번역가가 매년 한두 달씩 슬럼프를 겪는 것도 자연스레 이해가 갈 겁니다. 이처럼 기계적으로 번역 하나에만 몰입하여 살다 보면 어느 순간 심신이 알아서 두 손을 들어 버리는 사태가 충분히 생길 수 있습니다. 그래서 저는 번역가가 오래 좋은 번역을 하려면 오히려 번역을 골라서 적게 하는 편이 낫지 않을까 생각하기도 합니다.


## 번역을 잘하려면 번역을 적게 해야

저는 몇 년 전까지만 해도 번역가는 책을 가리지 말아야 한다고 믿었습니다. 번역가는 프리랜서로서 수입이 일정치 못합니다. 맡겨지는 책을 자기 취향에 따라 가려 버릇하면 생계가 어려워집니다. 그래서 장르가 무엇이든 작가가 누구든 주어지는 대로, 닥치는 대로 번역해야만 합니다. 최근 십여 년간 저는 주로 제 입맛에 맞는 소설과 역사, 사회과학 책을 번역해 왔지만 그것은 제가 책을 가려서가 아니라 그쪽 분야의 출판사가 주 거래처로 굳어졌기 때문입니다. 그 전에는 별의별 장르의 책을 다 번역했습니다. 동화책, 만화책, 심지어 여행서와 처세서까지. 책 한 권 번역료에 가족의 한두 달 생활비가 걸려 있으니 어느 번역가라도 그럴 수밖에 없습니다. 그래서 어떤 번역가는 기한이 겹치는 것도 돌아보지 않고 번역 계약을 열 권 넘게 쌓아 두기도 합니다. 결국 기한을 못 지켜 출판사에 피해를 주고 자신도 과로를 하게 되는데도 말이죠.

저는 차츰 이런 '닥치고 번역하는' 것이 번역가에게 자해와도 같다고 깨닫게 되었습니다. 사실 번역가도 취향을 탑니다. 어떤 번역가는 소설 번역에 능하고 어떤 번역가는 실용서를 선호합니다. 제 경우는 소설과 인문서 번역이 좋은데 예기치 않게 실용서 번역을 맡게 되면 그 스트레스가 이만저만 크지 않습니다. 한번 생각해 보십시오. 번역서 한 권을 마치려면 두세 달씩 컴퓨터 앞에 앉아 하얀 화면에 문자를 박아 넣으며 씨름을 하는데 그 내용이 자기가 전혀 관심 없는 것이라면 얼마나 지루하고 괴롭겠습니까. 나아가 적체된 번역 계약에 쫓겨 심신의 여유를 잃으면 번역의 퀄리티도 자연히 떨어지게 돼 있습니다. 그러면 설령 기한 내에 번역을 마쳐 출판사에 원고를 넘기더라도 틀림없이 컴플레인이 들어옵니다. 기한까지 어기면 당연히 전화가 더 빗발치지요. 그런 일이 계속되면 어떻게 될까요? 독자의 불만이 인터넷 서평에 올라오고 실망한 출판사가 거래를 끊습니다.

번역가는 본인의 명예와 번역의 퀄리티를 지키기 위해서라도 번역을 많이 하면 안 됩니다. 자신의 번역 속도와 생활비의 규모를 감안해 적당량의 번역 계약을 해야 합니다. 물론 이것은 대단히 힘든 문제입니다. 과다한 번역량에 숨이 턱에 차더라도 당장 생계가 궁하면 번역 계약을 마다할 수 없으니까요. 하지만 그러다가 출판계에서 평판이 나빠지는 번역가를 여럿 보았기에 저는 이런 경계심을 늦출 수가 없습니다.

# 10
## { 번역가의 아르바이트 }

**번역가가 아르바이트를 하는 것은 당연하다**

저는 번역을 많이 하지 않습니다. 번역만 하면 생활이 어려워지기 때문입니다. 제가 가장 잘하는 일은 번역이고 가장 좋아하는 일도 번역이지만 생활이 무너져 버리면 아예 번역을 할 수 없지요. 그래서 역설적이게도 번역을 하기 위해 번역만큼이나 많은 시간을 할애해 여러 가지 아르바이트를 해 왔습니다. 누구에게는 이런 이야기가 씁쓸하게 들릴 수도 있지만 저는 괜찮습니다. 제가 아는 여성 판타지 작가가 용돈벌이를 하려고 편의점에서 일한다는 얘기를 들은 적이 있습니다. 장편 소설을 다섯 권이나 쓴 '강자'인데도 말이죠. 또 건너 건너 아는 독일 문학 박사는 강사료로는 도저히 살 수가 없어 마을버스 운전을 한다고 합니다. 이처럼 이 시대의 지식인과 글쟁이 중 많은 이가 어려운 형편에서 살아갑니다. 번역가도 그들 중 하나입니다. 아니 번역가는 기업이나 대학에 임시직으로라도 취직할 가능성이 전무한, 그야말로 골수 프리랜서이니 그들 중에서도 형편이 가장 안 좋기 십상입니다.

그래서 일찍이 저는 주변의 번역가 지망생들에게 번역가가 되고 싶으면 평생 독신으로 살거나, 고정 수입이 있는 반려자와 결혼해 맞벌이 생활을 하라고 권유했습니다. 인생이 그렇게 뜻대로 돌아가지는 않지만요. 사랑하는 여자가 있는데 눈물을 머금고 헤어지거나, 맞벌이를 하기 위해 사랑하지도 않는 여자와 억지로 결혼할 만큼 번역가라는 직업이 신성한 것도 아닙니다. 저처럼 그냥 대책 없이 결혼하고 애를 낳고도 외벌이 번역가로 살아가야 하는 일도 생깁니다. 하지만 저는 이제 정말 괜찮습니다. 경제 사정이 나아져서 그런 것은 아닙니다. 단지 번역과 아르바이트를 병행하는 삶에 익숙해졌고 오랫동안 하다 보니 아르바이트도 과거보다 사뭇 전문성이 높아지고 덩달아 대우도 좋아졌기 때문입니다. 그래도 아르바이트는 아르바이트죠. 저는 이곳저곳에서 허다한 일을 하지만 늘 노트북과 원서가 펼쳐진 책상 앞으로 돌아옵니다.

## 대학 강의도 아르바이트일 뿐

제 첫 번째 아르바이트인 대학 강의에 관해 이야기해 보겠습니다. 이 아르바이트는 박사 과정에 들어간 서른 살 남짓부터 겨우 시작할 수 있었습니다. 대학 강의가 어떻게 아르바이트일 수 있느냐고 묻는 사람도 있겠습니다. 아르바이트가 맞습니다. 겉은 번드르르하지만 분명히 '시간제 일용직'입니다. 강의 시간만 돈을 쳐 주고 그 두 배가 넘는 준비 시간은 돈을 안 쳐 주는, 오로지 한국 대학의 기형적 발전을 위해 수만, 수십만 지식인에게 희생을 강요해 온 일자리입니다.

저는 이 아르바이트를 하기 위해 더 열악한 각종 아르바이트를 해 가면서 석·박사 5년을 공부했습니다. 아니 사실은 그냥 아무 생각 없이 공부를 했는데 결과적으로 그런 꼴이 돼 버렸습니다. 저는 번역거리가 없을 때는 강의 시수를 늘리고, 번역거리가 많을 때는 강의 시수를 줄이는 식으로 오랫동안 번역과 강의 사이에서 양다리를 걸쳤습니다. 그러다가 최근에는 나날이 신경 쓸 거리가 많아지고 강의 여건도 안 좋아지는 통에 과감하게 대학 강의를 단 한 개만 남겨 놓았습니다. 이제 대학 강의는 그만둬도 좋을 것 같습니다. 종합적으로 보면 강의의 대가가 번역의 대가에 못 미치는 수준이 되었기 때문입니다.

그래도 저는 여전히 번역가 지망생에게 대학원 진학과

대학 강의를 아르바이트로 삼기를 권합니다. 번역가는 번역과 연관되는 분야에서 아르바이트를 찾아야 한다고 믿습니다. 그래야 조금이라도 시간을 덜 낭비하면서 번역에도 직·간접적으로 도움이 되고 다른 아르바이트를 찾기도 쉽습니다. 기나긴 석·박사 과정을 거쳐야 하는 것이 부담이 되긴 하지만 인문학 공부와 원문 독해 훈련은 번역가로서의 소질을 크게 향상시켜 줍니다. 대학 강의 자체도 단지 아르바이트의 수단일 뿐 아니라 잘 활용하면 지속적으로 번역 능력을 높여 줍니다. 예컨대 제가 맡은 대학 강의는 처음에는 주로 초급 수준의 중국어 강의였지만 갈수록 강독, 문학사, 번역 등 더욱 깊이 있는 강의가 늘어났습니다. 강의를 준비하고 진행하면서 상당히 가치 있는 정보와 아이디어를 얻을 수 있었죠. 특히 번역 강의를 통해서는 학생의 번역 문체를 교정해 주면서 제 문체를 더 정교하게 만들 수 있었고 문학사 강의에서는 차후 기획할 만한 새로운 작가, 작품과 조우할 수 있었습니다.

학위의 중요성도 무시할 수 없습니다. 사실 박사 학위를 가져 봤자 번역 일을 더 얻는 데도 도움이 안 되고 그저 대학 강의를 할 수 있다는 장점밖에 없어 보이기는 합니다. 하지만 박사 전공을 번역, 기획, 출판과 연관된 것으로 잡으면 출판계에서 자신의 활동 범위를 넓히고 강연, 저작권 중개, 출판 컨설팅 등 또 다른 '아르바이트'를 얻는 데 유리합니다. 제 석사 학위 전공은 중국 현대시입니다. 전혀 실용성이 없는, 그야말로 학문을 위한 학문을 지향하는 전공이었죠. 당시에는 아무런 현실적 목표 의식이 없었기 때문에 그저 개인 취향에 맞춰 그런 전공을 택했죠. 그러다 박사 학위를 밟을 때는 중국 출판과 웹소설이라는, 저를 가르친 교수님들은 전혀 알지도 못하는 희한한 전공을 택했습니다. 그렇습니다. 저는 중국어 번역 외에 중국 출판과 웹소설 전문가가 되고 싶었던 겁니다. 제 활동 범위를 넓혀 새로운 아르바이트를 구하고 싶었습니다. 실제로 저는 이 전공을 택한 덕분에 박사 졸업 후 중국 출판 관련 컨설팅과 강연을 할 수 있게 되었고 요즘에는 한 기획사와 손잡고 중국 웹소설 서비스를 기획하고 있습니다.

### 윤문, 더 많은 기회를 주는 아르바이트

제 두 번째 아르바이트인 윤문에 관해 이야기할 차례입니다. 윤문은 말 그대로 남의 글을 깔끔하게 고쳐 주는 일이지요. 교정, 교열과 다른 점이 있다면 남의 글에 관여하는 수준이 단지 오타나 비문을 정리하는 것을 넘어서 불필요한 부분을 삭제하고 필요한 부분을 보충해 주는 데까지 이르는 겁니다. 저는 스물일곱 살 때 '아는 형'과 손잡고 5권짜리 무협 소설과 영화 『친구』의 시나리오 소설을 썼습니다. 모두 집필은 아니었죠. 문장력이 모자란 '아는 형'이 쓴 글을 윤문했습니다. 수익을 아는 형이 6, 제가 4로

나누는 조건으로 말입니다. 당시에도 저는 번역을 하고 있었으므로 그 일은 제게 아르바이트였습니다. 딸아이 분유값을 벌기 위해 무작정 그 일을 벌였고 금세 접었습니다. 제 문체가 착취당하는 느낌이 들었기 때문입니다. 또한 이런 공동 작업에서 스토리에 비해 문체가 부차적인 취급을 당하는 것이 무척 자존심이 상하기도 했습니다.

하지만 아르바이트가 달리 아르바이트겠습니까. 그 후에도 돈이 궁하면 제의가 들어올 때마다 눈을 질끈 감고 윤문 일을 했습니다. 나중에 한 윤문은 주로 번역 원고의 윤문이었습니다. 터키 작가, 이탈리아 작가, 일본 작가, 영국 작가의 소설을 원문과 상관없이 다듬고 또 다듬었습니다. 그러다가 정신을 차려 보니 제가 출판사에 앉아 있더군요. 윤문이 편집으로 이어져 편집자 생활을 몇 달 했고, 그 경력에 더해 중국 출판에 대한 지식도 인정받아 김영사의 중국 진출 요원으로 뽑혀서 난데없이 2년간 중국을 뻔질나게 드나들기도 했습니다. 이처럼 윤문은 저를 출판계에 제대로 입문시켜 주었으며 다른 아르바이트로 쌓은 제능력과 결합해 더 넓은 세계로 저를 데려다주었습니다. 이과정에서 저는 저작권 수출입과 중국 출판계의 관행 및 구조에도 식견을 갖게 되었습니다.

저는 번역에서도 윤문 능력이 대단히 중요하다고 생각합니다. 우리는 흔히 번역가를 단순히 '언어를 전환하는 사람'으로 한정 짓기 일쑤이지만 번역가는 언어를 전환하면서 '다시 쓰는' 사람이라고 보는 것이 더 옳습니다. 어떤 번역가도 출발어의 의미와 구조를 가감 없이 도착어로 옮겨올 수 없습니다. 그래서 어쩔 수 없이 다시 쓰며 이것은 윤문의 행위에 해당합니다. 과학서 번역으로 유명한 어느 영어 번역가는 "번역의 70퍼센트는 윤문이다"라고 말했습니다. 그렇습니다. 출발어의 단순 직역으로는 도저히 도착어의 가독성을 충족할 수가 없습니다. 한국어 문장의 균형, 리듬, 낭독성을 고려해 번역가는 적절히 문장을 매만 져야만 합니다. 저는 잘 읽히는 어순 배열에 가장 많은 시간을 할애합니다.

더구나 다른 외국어 번역에 비해 중국어 번역은 윤문의 중요성이 더 큽니다. 한자로 이뤄진 중국어는 매우 함축적이고 맥락 중심적인 언어이기 때문입니다. 중국어 원문의 숨겨진 함의를 풀어내고 맥락을 잘 살리려면 원문보다 번역문의 글자 수가 훨씬 많아지고 그 늘어나는 분량은 온전히 번역가가 자기 글로 메워야 합니다. 중국어 번역은 원문 대 번역문의 양적 비율이 보통 1:1.4 정도이며 번역가에 따라서는 1:2까지 치솟기도 합니다. 그러니 중국어 번역에서 얼마나 윤문이 중요하고 또 얼마나 번역가의 글솜씨가 결정적인 비중을 차지하겠습니까. 사실 정도의 차이가 있을 뿐 이런 사정은 다른 언어권 번역에서도 마찬가지일 것이라고 짐작합니다.

이런 이유로 저는 윤문을 번역가의 아르바이트로 추천

합니다. 어쨌든 글로 하는 아르바이트이다 보니 자신의 번역 문체를 돌아보고 더 단단히 만들 수 있을 뿐만 아니라 출판 영역에 더 가까이 다가갈 수 있는 기회도 마련됩니다. 그러다가 좋은 아이템을 찾으면 저자로 변신할 용기도 내 볼 수 있습니다. 따라서 번역가에게 윤문 일을 할 기회가 생긴다면 자신의 번역 스케줄에 지장이 가지 않는 선에서 과감하게 시도해 보라고 권하고 싶습니다.

## 번역가를 성장시키는 출판 아르바이트

마지막으로 저작권 중개와 편집이라는, 출판 관련 아르바이트에 관해 이야기하고자 합니다. 저는 번역가가 최소한의 저작권과 편집 관련 지식은 꼭 알아 둬야 한다는 입장입니다. 그 앎을 위해서는 역시 현장에서 뛰어 보는 것이 가장 효과적이고요. 특히 기회가 된다면 출판사와 협업하여 직접 한국과 외국 간의 저작권 중개와 편집 실무를 경험해 보기를 권합니다.

우리는 외국 도서를 번역하지만 이 일은 전체 출판 프로세스의 일부일 뿐입니다. 저작권 중개와 편집 역시 이 전체 프로세스에 속하지요. 어떻게 외서가 기획되고, 또 어떻게 외서가 계약되며, 그 후에 번역 원고가 완성되고 출판사에 넘어가면 어떤 편집 공정을 거쳐 한 권의 책이라는 물리적 실체로 완성되고 유통되는지 전체적인 시각을 가질 필요가 있습니다. 이 시각을 갖춘다면 역시 번역가로서 활동하는 데 큰 도움이 됩니다.

　사실 저작권 중개는 신경만 많이 쓰이고 돈은 별로 안 되는 일입니다. 원저작권자인 외국의 출판사나 저자에게 연락해 저작권을 문의하고, 그들과 한국 출판사를 연결해 저작권료를 협상하게 해 주고, 협상이 끝나면 중간에서 계약서까지 써 줘야 합니다. 자칫하면 매년 인세정산 보고까지 원저작권자에게 해 줘야 하고요. 이런 과정에서 얼마나 많은 외국어 이메일을 주고받으며 양쪽을 설득하고 이견을 조율해야 하겠습니까. 그런데도 받을 수 있는 돈은 저작권료의 10퍼센트 정도입니다. 저작권료가 3,000불이면 중개자가 손에 쥐는 돈은 달랑 300불, 즉 30만 원입니다. 하지만 저는 번역가가 이 일을 하면서 돈보다는 앞에서도 말한, 출판의 전체 프로세스를 조감하는 시각을 가질 수 있다는 것이 매우 가치 있다고 봅니다.

　편집 아르바이트도 번역을 할 때는 생각해 본 적도, 생각할 필요도 없었던 출판사의 시각을 경험하게 해 줍니다. 외주자로든 내근직으로든 편집자와 활발히 소통하며 일정 기간 편집 일을 해 보면 출판사가 번역가에게 요구하는 번역 원고의 문체와 완성도가 머릿속에 그려집니다. 이것은 단순히 띄어쓰기와 맞춤법의 정확성만을 뜻하지 않습니다. 대상 독자에 따른 글의 난이도와 호흡 조절, 맛깔 나는 서명과 장절의 제목 짓기, 인문서를 제외한 일반서 원고의 효과적인 첨삭 등과 다 관련이 있습니다. 이런 사항을 알게 되면 나중에는 번역가의 입장과 편집자의 입장, 이 두 입장을 동시에 고려하여 번역을 하게 되고 이렇게 완성된 원고는 당연히 출판사의 환영을 받습니다. 어떻게 보면 가장 훌륭한 번역 원고는 번역이 잘된 원고가 아니라 출판사가 더 손볼 필요가 없는 원고이니까요.

만약 이런 번역가가 저작권 중개에 대한 구체적인 지식까지 갖고 있다면 출판사로서는 더욱 그를 우대해 줄 겁니다. 중국어 번역가는 한층 더 그럴 겁니다. 중국 출판계는 우리와 비교해 아직까지 저작권 개념이 잘 정리되어 있지 못합니다. 예를 들어 같은 도서를 두고 그 저작권이 작가에게 있는지, 출판사에 있는지 모호할 때도 있고 여러 작가의 글을 모아 놓은 앤솔로지가 저작권 계약이 완료되지 않은 상태에서 현지 출간된 경우도 있습니다. 굉장히 유명한 작가의 책인데 그 작가가 저작권을 위임한 에이전시가 어디인지 전혀 수배가 안 될 때도 있고요. 만약 한국 출판사가 힘들여 기획해 선택한 원서가 이 세 가지 경우 중 하나에 해당한다면 시간만 날리고 허탕을 치게 되겠지요. 만약 번역가가 이런 난감한 일에서도 출판사에 도움을 줄 수 있다면 더할 나위 없이 인정을 받겠죠. 별도로 출판사가 기획하려는 원서를 면밀히 살펴 저작권 확보의 난이도를 미리 조언해 주거나 심지어 현지의 지인을 통해 빠르게 희귀 도서를 공수해 오고 작가와 직접 연락까지 맡아 준다면 출판사로서는 더더욱 도움이 될 것이고요. 그러면 그 출판사는 앞으로 진행할 도서의 번역을 당연히 도움을 준 그 번역가에게 맡기려고 할 겁니다.

지금까지 제가 설명한 세 가지 아르바이트는 모두 번역과 관계가 있을 뿐 아니라 서로 긴밀하게 연결되어 시너지 효과를 냅니다. 그래서 다른 엉뚱한 아르바이트를 하는 것보다는 번역가가 애착과 관심을 갖고 할 수 있으며 돈 때문에 시간 낭비만 하는 것이 아닐까 하는 자괴감도 덜 느껴집니다. 무엇보다 중요한 것은 이 일들을 하면서 번역가가 자기 분야에서 더 넓은 안목과 깊은 식견을 가진 존재로 성장할 수 있다는 사실이겠죠. 그렇게만 된다면 이 세 가지 아르바이트는 이미 아르바이트가 아닐 겁니다.

## 11
# { 번역가의 미래 }

### 중국 웹툰과 웹소설의 공습

몇 주 전 어느 웹소설 기획사의 부탁으로 중국 웹소설 저작권 도입을 문의하려고 D사에 들렀습니다. D사는 중국 웹툰과 웹소설을 들여와 번역과 편집을 해서 카카오페이지나 네이버 같은 한국 플랫폼에 공급하는 저작권 에이전시 겸 CP입니다. 회사에 들어서자마자 저는 놀랐습니다. 열댓 명의 젊은 직원이 포토숍으로 연재 예정인 중국 웹툰의 보정 작업을 하고 있었는데 보기만 해도 후끈대는 열기가 느껴졌습니다. 회사 대표의 말로는 중국 웹툰 중에서 로맨스물이 꽤 인기가 있다고 했습니다. 중국 웹소설은 아직 수입 물량도 적고 역시 로맨스 한 종 외에는 가시적인 성과가 없지만 워낙 작품 수가 방대하고 수작도 많아서 미래를 위해 열심히 작품을 고르고 있다고 했습니다.

"관건은 번역입니다. 현대 로맨스는 그나마 낫지만 고전 로맨스와 판타지, 무협은 번역의 난이도가 높을 뿐만 아니라 정서적인 차이가 커서 번역하기가 어렵습니다. 번역한 뒤에 윤문도 엄청나게 많이 해야 하고요. 윤문비가 번역비의 60퍼센트에 육박하기도 해요."

저는 3년 전에 그 대표를 만난 적이 있습니다. 당시 그의 주 사업은 한국 종이책 만화와 장르 소설의 중국 진출을 중개하는 것이었고 생각만큼 일이 풀리지 않아 표정이 무척 어두웠습니다. 그런데 지금은 완전히 달랐습니다. 기대와 열정이 가득한 표정으로 중국 웹툰, 웹소설 서비스의 밝은 전망과 사업 확대 가능성을 역설하더군요.

저는 2년 전 이런 현상을 예견하고 어느 중국 문학 학회에서 향후 한국의 중국어 번역가가 중국 웹소설 번역에 주목해야 한다고 발표한 적이 있습니다. 당시 청중이었던 여러 중국학 연구자는 제가 발표한 내용 자체를 굉장히 신기해했습니다. 웹소설의 발전 추세조차 그들에게는 무척 생경한 일이었기 때문입니다. 소설 번역가로 잘 알려진 한 선배 교수님은 따로 제게 근엄한 어조로 충고를 하기도 했습니다. 그래도 우리 번역가는 가치 있는 중국 순문학과 인문학 번역에 매진해야 하지 않느냐고 말이죠. 저는 속으로 저도 그러고 싶다고 말하고 싶었습니다. 그러나 콘텐츠와 독서의 도도한 흐름은 우리의 기존 인식과 기대와는 전혀 판이한 방향으로 전개되고 있고 전개될 것입니다. 번역가의 미래도 그 흐름 속에서 바뀔 겁니다.


## 웹소설의 특징

변화는 실제 번역 현장에서도 이미 본격화하고 있습니다. 얼마 전 활발히 소설 번역을 하고 있는 A번역가를 만나 그것을 확인한 바 있습니다.

"요즘 중국 웹소설 번역 의뢰가 계속 들어오고 있어요."

"어떤 종류의 웹소설인가요?"

"그게…… BL소설이 많네요."

로맨스 소설의 하위 장르인 BLBoys Love 소설은 남성 동성애 소설을 뜻하지요. 중국 웹에서는 일본식 용어를 빌려 '동인'同人 소설이라고 부릅니다. 주 독자층은 여성이며 현재 한국에서 독자 저변을 넓히고 있습니다. 하지만 독자가 늘어나는 만큼 작가도 늘어나지는 않아서 일본, 중국, 타이완에서 작품을 들여오려는 기획사가 많은 것으로 알고 있습니다. A번역가는 기존 번역 일정도 빡빡하고 BL소설이라는 장르도 썩 익숙하지 않아 의뢰를 거절했다고 말했습니다. 제가 생각해도 종이책만 번역해 온 번역가가 웹소설을 번역하기란 쉽지 않은 일입니다. 웹소설은 웹소설만의 독특한 정서와 문체가 존재하니까요.

한국과 중국의 웹소설은 과거의 종이책 장르 소설이 그 뿌리이며 현재는 크게 로맨스와 판타지, 두 장르로 나뉩니다. 그 아래에 각각 현대 로맨스, 역사 로맨스, 현대 판타지, 중세 판타지 등의 하위 장르가 존재하며 로맨스 판타지, 무협 판타지 같은 혼성 장르도 끊임없이 생겨나고 있습니다. 이 독특한 소설의 서사적 특징은 패턴화, 카니발화, 혼성화로 요약됩니다.

먼저 패턴화란 대중에게 인기 있는 소재나 서사 모델이 어떤 패턴으로 계속 반복되는 것을 가리킵니다. 웹소설은 일련의 패턴으로 장르를 구축하고 구축 뒤에도 그 패턴을 반복하여 독자의 기대를 충족시킵니다. 웹소설의 독자는 한결같이 그 패턴의 반복을 기대하고 그 기대가 충족되었을 때 현실에서는 다다를 수 없는 욕망의 해소를 경험합니다. 예를 들어 무협 소설은 강호와 구파일방이라는 가상의 세계관을 배경으로 주인공이 역경 속에서 성장하여 미녀와 권력을 손에 쥐는 패턴을 반복하고 또 반복합니다. 로맨스에도 평범하고 씩씩하기만 한 여주인공이 '백마 탄 왕자'와 우연히 조우하여 사랑을 쌓다가 적대적인 인물과 사건의 위협을 극복하고 해피엔딩을 맞이하는 패턴이 있습니다. 모든 웹소설에서 이런 패턴이나 스테레오 타입은 그야말로 철의 규율이자 작가와 독자의 약속입니다. 이것을 어기는 웹소설은 드물며 어긴다면 결코 성공할 수 없지요. 해피엔딩이 아닌 무협 소설이나 로맨스 소설을 상상할 수 있습니까.

두 번째로 카니발화란 웹소설의 시공간과 그 질서가 모

든 참여자에게 잠시 일상과 현실을 초월하는 경험을 제공하는 카니발과 흡사함을 뜻합니다. 일상을 모사한 시공간이든, 판타지의 시공간이든 웹소설은 독자에게 현실의 모든 공식적인 제도, 인습, 권위, 심지어 자연계의 법칙까지 무시하는 새 질서를 선보입니다. 독자는 마치 카니발에 참여하듯 그 시공간의 질서를 기꺼이 받아들이고 비현실적인 인물과 스토리에 몰입합니다.『반지의 제왕』의 중간계와『해리 포터』시리즈의 마법 세계를 떠올리면 쉽게 이해할 수 있을 겁니다.

마지막으로 혼성화는 말 그대로 웹소설의 자유로운 장르 간 혼성을 가리킵니다. 최근 한국에서는 로맨스와 판타지의 혼성물인 '로판'이 인기를 끌면서 각 플랫폼에서 독립적인 장르로 자리를 잡았지요. 그리고 현재 모든 장르를 판타지와 결합시키는 혼성의 모티브는 '타임슬립' 혹은 '회귀'입니다. 로맨스도, 무협도, 심지어 성인용 소설까지도 '회귀물'화하고 있습니다. 현대의 아가씨가 시간의 틈을 통해 고대의 황궁에 떨어져 왕자와 연애를 하는가 하면, 무림의 전쟁에서 죽은 고수가 30년 전으로 돌아가 환생하여 다시 힘을 기르면서 이제는 미래가 된 그 전쟁에서 복수하기를 꿈꿉니다.

중국 웹소설의 번역 의뢰가 늘어나고 있는 이 시점에서 중국어 번역가는 웹소설의 이런 서사적 특징을 이해하고 그것을 기꺼이 즐길 수 있어야 합니다. 이미 종이책 장르 소설 번역에 익숙한 일본어와 영어 번역가에게는 그리 어려운 일이 아니겠지만 최근까지 중국어 번역계에서는 장르 소설 번역이 거의 전무했으므로 중국어 번역가는 일부러 시간을 내서 웹소설 플랫폼의 주요 작품을 들춰 가며 그 장르 문법을 익힐 필요가 있습니다. 자신이 이해하고 즐기지 못한다면 제대로 번역할 수가 없을 테니까요.

그런데 웹소설은 '연재체'라는, 기존의 종이책 장르 소설과 전혀 다른 구조적 특징을 갖고 있습니다. '연재체'는 웹소설이 매일 한두 화씩 차례로 업로드되어 독자를 만나는 방식 때문에 형성되었습니다. 이것은 옛날 설화인說話人이 정기적으로 청중을 모아 놓고 이어 가던 이야기를 글로 적음으로써 생겨난, 고대 소설의 '장회체'章回體를 연상시킵니다. 그렇습니다. 웹소설은 현대의 장회체 소설입니다. 웹소설 작가를 설화인으로, 웹소설의 한 화를 장회체 소설의 한 장으로 생각해 봅시다. 작가는 매일 독자를 모아 놓고 조금씩 끊어서 이야기를 말해 주고 그에 상응하는 돈을 받습니다. 그는 당연히 좀 더 많은 독자가 자신의 이야기를 듣기를 바라고 그러려면 매일 독자를 만족시키고 그다음 이야기를 궁금하게 만들어야 한다는 것을 압니다. 독자는 모두 일부러 짬을 내서 그 장소(연재 플랫폼)를 방문해 돈을 내고 이야기를 듣는 만큼, 재미와 기대를 잃으면 두 번 다시 그곳에 찾아오지 않습니다. 다른 작가도 무수히 많으니까요. 그래서 작가는 매일매일 독립성을 갖춘

에피소드를 이야기해 주려고 애씁니다. 이야기가 중간에 뜬금없이 뚝 끊기면 독자가 허무해하니까요. 그리고 매번 이야기의 긴장이 최고조에 이르렀을 때 서둘러 자리를 마무리하고 표표히 사라집니다. 손에 땀을 쥐고 있던 독자는 당연히 안타까워 발을 동동 구르면서 내일 꼭 다시 그곳에 오겠노라 다짐합니다. 이튿날 작가는 여지없이 찾아온 독자를 앞에 두고 전날의 결말을 짧게 언급한 뒤, 동일한 패턴으로 이야기를 구술할 겁니다. 이것이 바로 웹소설 작가가 이상적으로 생각하고 실천하는 '연재체'입니다.

연재체는 웹소설의 구어화와 장편화를 낳은 장본인이기도 합니다. 주로 젊은 네티즌을 대상 독자로 삼아 퇴고 없이 그날그날 급히 쓴 글을 올리니 문체가 구어적이지 않을 수 없습니다. 또한 작품이 길면 길수록 수익이 늘고 반대로 수익이 늘면 늘수록 작품이 길어집니다. 카카오페이지 판타지의 최고 인기 작품인『달빛조각사』는 현재 52권을 앞두고 있습니다. 무협 최고 인기작인『군림천하』는 35권 분량이 연재 중입니다. 너무 길다고요? 중국 판타지는 훨씬 더 깁니다. 한국어로 번역하면 거의 대부분 타이틀당 10권이 훌쩍 넘어가며 50권이 넘는 작품도 흔합니다. 무려 100권이 넘는 작품도 본 적이 있습니다!

## 디지털 콘텐츠 시대의 번역

이렇게 웹소설의 특징을 자세히 설명한 이유는 앞에서 이야기했다시피 중국어 번역가의 일거리에서 웹소설의 비중이 점차 커지고 있기 때문입니다. 물론 다른 의도도 있습니다. 소설은 출판의 여러 분야 중에서 가장 대중의 수요가 많아 시대의 추세에 가장 빠르게 부응합니다. 그래서 소설이 종이책에서 디지털 콘텐츠로, 그리고 문어체에서 연재체로 바뀌는 것은 기타 출판 분야와 다른 외국어 번역가에게도 시사하는 바가 크다고 봅니다. 그렇습니다. 저는 언젠가 모든 책이 디지털 콘텐츠로 변신하는 날이 오리라 예상합니다.

오늘날 중국은 전자상거래, 사물인터넷, 온라인 동영상서비스, VRVirtual Reality(가상현실)과 ARAugmented Reality(증강현실) 등 정보통신 기술의 모든 혁신 분야에서 새로운 실험이 벌어지는 국가입니다. 방대한 시장과 넘치는 자본에 힘입어 어떤 실험이든 새로운 수요를 창출할 가능성이 충분합니다. 그런데 그 실험 중에서 저는 '더다오'得到라는 고급 지식서비스 애플리케이션의 성공을 눈여겨보고 있습니다. 이 애플리케이션은 오디오북, 전자책, 전문가 칼럼, 일일 학습방송 등의 카테고리를 갖추고 사용자에게 과학, 역사, 경제경영, 심리학, 자기계발, IT 등 각종 분야의 최신 지식을 오디오와 텍스트로 제공하고 있습니다. 현재 이 애플리케이션의 유저는 1,200만 명으로, 자신이 원하는 주제의 지식으로 직접 학습 스케줄을 짜서 언제 어디서든 음성이나 텍스트로 서비스받을 수 있습니다. 심지어 유명 석학의 칼럼을 미리 일 년 치를 구독해 받아 볼 수도 있지요.

저는 더다오가 보여 준 새로운 디지털 지식 플랫폼의 가능성에 혹했습니다. 더다오는 기존의 전자책 플랫폼과도, 동영상 강의 플랫폼과도 다릅니다. 지금의 전자책은 종이책의 내용을 포맷만 바꿔 제공하는 데 그치고 있습니다. 종이책의 내용과 글쓰기는 스크린 리딩에 적합하지 않습니다. 『21세기 자본』처럼 정보가 고도로 집약된 텍스트를 작은 스크린으로 줄줄이 읽는 것은 독자에게 엄청난 피로감을 줍니다. 최근 한국에서 전자책의 성장이 정체된 것은 바로 이 때문입니다. 전자책이 성공하려면 저자가 처음부터 종이책이 아니라 전자책을 위한 기획과 글쓰기를 실천해야만 합니다. 웹소설 저자가 4-6인치 휴대폰 화면으로 짬짬이 글을 읽는 독자를 상정하고 쉬운 구어체로 한두 문장이 한 문단을 이루는 연재체 소설을 쓰는 것처럼 말입니다. 동영상 강의 역시 이상적인 지식 전달 수단이 되지는 못합니다. 강연자의 이미지, 목소리, 판서되는 글씨가 동시다발적으로 정보를 전달하는 방식은 무척 일방적이고 비효율적입니다. 지식 소비자가 자신의 호흡에 맞춰 정보를 흡수하고, 정지하고, 생각하고, 다시 흡수할 수 있는 텍스트야말로 더 효과적인 지식 전달 매체라고 생각합니다. 여기에 필요한 경우 오디오 기능을 곁들일 수 있다면 그 효과가 배가되겠지요.

요컨대 저는 독자가 서점 대신 애플리케이션이나 웹사이트를 방문해 디지털 콘텐츠화한 지식을 '읽는' 시대가 도래하리라 예상합니다. 그 지식 중 상당 부분은 본래 외국 저자가 쓴 텍스트로서 역시 번역가의 손을 거친 번역물일 겁니다. 이에 대해 누군가는 그 번역물이 상당수 인공지능의 산물일 수도 있으리라 예상할 수도 있습니다. 물론 저도 어느 정도 그 가능성을 인정합니다만 동시에 인간 언어의 복잡성과 섬세함도 인정합니다. 이른바 기계 번역은 기술 번역과 일부 실용 번역에서는 조만간 번역가의 일거리를 잠식할 것이라고 봅니다. 그러나 적어도 출판 번역에서는, 특히 소설과 인문학 번역에서는 저자와 번역가의 미묘한 문체와 어감까지 구현하려면 상당한 세월이 걸릴 겁니다. 인공지능이 인간과 비견될 만한 개성과 의식을 갖추기 전까지는 말이죠.


## 번역가의 과제

번역가는 종이책이 대부분 디지털 콘텐츠로 바뀌는 시대에 대비해야 합니다. 구체적으로 무엇을 어떻게 대비해야 할지는 쉽게 말하기 어렵지만 적어도 그 도도한 변화의 흐름에 개방적인 태도를 취해야 한다고 생각합니다. 일 거리로 종이책 대신 웹소설이나 웹 연재 칼럼이 들어왔을 때, 거부감을 느끼지 말고 적극적으로 그 새로운 내용과 구조, 문체에 적응하고 역시 새로운 번역 방식을 고민해야 하며 그 낯선 콘텐츠에 자신의 존재가 묻히지 않도록 반드시 번역가의 서명권을 지켜야 합니다. 예컨대 독자가 외국 웹소설을 읽을 때도 그 번역을 누가 했고 얼마나 잘 번역했는지 알 수 있도록 번역가의 이름이 꼭 명기되게 해야 합니다. 지금 카카오페이지나 네이버 웹소설 등에서 연재되는 중국 웹소설과 웹툰에는 대부분 번역가의 이름이 기재되지 않습니다. 이런 현상은 꼭 개선되어야 합니다.

나아가 번역가는 콘텐츠 기획력을 계발하여 새로운 첨단 타이틀을 스스로 발굴하고 제시해 CP, 플랫폼과 대등한 관계를 맺었으면 하는 것이 저의 바람입니다. 제가 마음속으로 그리는 번역가의 미래는 '기획 번역가'입니다. 물론 지금도 다수의 기획 번역가가 존재하기는 합니다만 웹의 지식 세계가 더 깊어지고 넓어지는 미래에는 외국어 능력과 텍스트에 대한 통찰력을 겸비한 번역가가 기획 분야에서 훨씬 더 다양한 활동을 할 수 있을 것이라고 봅니다.

## 12
{ 번역가의 자유 }

**박태원, 김광주의 번역**

우리의 근현대사에서 번역가는 본래 직업다운 직업이 아니었습니다. 번역가 스스로 번역가라는 자신의 정체성을 받아들이지 못한 채 단지 생계 수단으로 치부했고 심지어 번역 일을 하는 것을 부끄러워하기도 했지요. 1930년대의 대표적인 모더니스트 소설가인 박태원, 역시 소설가인, 작가 김훈의 아버지로 잘 알려진 김광주도 모두 그랬습니다.

박태원은 1939년에 『지나소설집』이라는 중국 야담집을, 1940년 무렵부터는 『삼국지』, 『수호지』, 『서유기』를 차례로 번역했습니다. 「소설가 구보씨의 일일」과 『천변풍경』으로 문단에서 이미 확고한 지위를 확립했던 그가 왜 이런 책을 번역했는지는 아마도 당시 상업 출판의 추세에

편승했거나 1940년대부터 일제의 탄압으로 한국어 작품 발표가 거의 불가능해진 데에서 원인을 찾아야 할 듯합니다. 원인이 어느 쪽이었든 번역은 그에게 단지 소일거리의 의미밖에 없었을 것으로 보이는데, 실제로 해방 이후 작품 활동을 재개한 뒤부터 그는 더 이상 번역을 하지 않았습니다.

번역에 대한 이런 태도는 박태원에 비해 훨씬 더 번역에 생계를 의지했고 역서도 훨씬 많은 김광주도 마찬가지였습니다. 상하이 유학 출신으로 1960년대에 타이완의 무협 소설을 번안해 『동아일보』와 『중앙일보』 등에 연재한 김광주도 순문학 작가 출신으로서 내적인 갈등이 컸을 겁니다. 김훈은 어느 심포지엄에서 "제 아버지는 억압과 야만의 시대에 태어나 살다 가셨습니다. 저항하기에는 악과 야만의 힘이 너무 컸죠. 그분에게 저항이란 방랑, 파탄, 절망으로 나타날 수밖에 없었어요"라고 말한 바 있습니다. 김광주는 실제로 후반생을 방랑, 파탄, 절망 속에 살았지만 생계를 위해 계속 무협 소설을 번안, 창작했고 한국 최초의 무협 소설로 꼽히는 『정협지』 등으로 많은 돈을 벌기도 했습니다. 하지만 그 돈을 정작 가족에게는 쓰지 않고 음주로 다 날려 버린 듯합니다. 김훈은 부친이 자신에게 '살인적 가난'을 물려주었다고 했으니까요.

## 번역가는 루저의 직업인가

인생의 다른 길을 도모하다가 어쩔 수 없이 번역가가 된 것은 박태원, 김광주의 시대나 지금이나 마찬가지 같습니다. 어떤 출판사 편집장은 이런 말씀을 하시더군요.

"제가 만나 본 번역가 중에 처음부터 자의로 번역가가 된 사람은 한 명도 없더군요. 모두 우연히 운명처럼 번역을 시작하셨더라고요."

옳은 말씀입니다. 저도 그렇고 제 주변의 많은 번역가도 작가가 되려다가, 학자가 되려다가, 아니면 교사가 되려다가 여의치 않아 우연히 번역가의 길로 들어섰고 그러다가 번역가로 정착하였습니다. 어떻게 보면 번역가는 '루저'의 직업이 아닌가 싶습니다.

저는 학창 시절에 시인이 되고 싶었습니다. 당시 한국 문단은 '시의 시대'라고 할 정도로 빼어난 시인의 수작이 넘쳐났습니다. 황지우, 이성복, 김명인, 최승자, 조태일, 박노해, 곽재구 등 각기 독특한 시 세계를 가진 시인이 한 시대를 풍미하며 많은 독자를 사로잡았습니다. 그 시대의 거의 마지막 '문청' 세대로서 저는 친구들과 함께 오랫동안 시를 읽고 쓰느라 청춘을 보냈지만 뒤늦게 제 소양이 모자란다는 것을 깨닫고 대학원에 들어가 중국 문학을 배우며 학자의 길로 방향을 틀었습니다. 하지만 공부는 좋은데도 대학원 사회에 적응하지 못해 교수가 되는 것도 포기할 수밖에 없었습니다. 당시 번역은 저의 오랜 방황의 기간에 생계를 유지하게 해 준 호구지책이었습니다. 저는 루저가 되었지만 오래 번역을 해 온 덕에 결국 번역가로 정체성을 굳힐 수 있었습니다.

그나마 박태원 등의 시대에 비해 제가 지나온 시대는 번역가가 직업인으로서 독립적으로 살아갈 만했습니다. 출판은 1990년대를 기점으로 점차 기울었지만 그래도 과거에 비해 한 산업 분야로서 일정한 규모를 유지했고 전체 출판 도서의 30퍼센트 이상이 번역서였습니다. 번역서가 없이는 출판업이 존립할 수 없고 또 번역가가 없이는 번역서가 양산될 수 없기에 번역가는 어떻게든 일거리를 구해 생계를 꾸려 나갈 수 있었습니다.

하지만 전적으로 번역으로만 살아가는 것은 예나 지금이나 지난한 일입니다. 번역료만으로는 생활이 힘들어 대부분의 번역가가 집필, 윤문, 강의 등 다양한 방편을 마련해야 했습니다. 그래도 살기가 힘겨운 번역가는 소리 없이 사라졌습니다. 실력과 열정을 겸비한 번역가가 몇 년을 못 버티고 다른 일을 찾아 떠났습니다. 십 년을 넘겨 계속 활동하고 있는 번역가는 극히 소수의 실력파뿐이며 그들조차 여전히 생활고에 시달리고 끊임없이 새롭고 안정적인 수익 모델을 찾아 헤맵니다. 그러나 가진 재주가 오로지 글쓰기 능력뿐이고 그 능력으로는 할 수 있는 일에 한계가 있어서 역시 안정적인 생활을 하기가 여의치 않습니다. 그들은 하나같이 번역에 사로잡힌 채 늘 과로하고, 고민하고, 헛된 꿈을 꿉니다.

## 번역의 원동력

올해로 번역 경력이 20년이 넘은 저 역시 예외는 아닙니다. 뒤돌아보면 저는 일 년에 평균 서너 권밖에 번역서를 내지 못했습니다. 번역보다는 강의와 윤문, 중국 출판과 저작권 수출입에 관한 컨설팅에 더 많은 시간을 할애한 탓입니다. 중간에 삼사 년은 직장을 다니고 학위논문을 쓰는 데 열중하기도 했습니다. 번역만으로는 가장으로서 가정을 꾸리기가 힘들었기 때문입니다. 이런 사정은 지금도 마찬가지입니다. 번역보다 더 수입이 나은 일거리가 생기면 주저 않고 책을 덮고서 훌쩍 자리를 뜹니다. 그렇지만 그 일이 끝나면 곧바로 제자리에 돌아와 책을 펴고 노트북 화면에 시선을 고정합니다.

저는 번역을 할 때 자유를 느낍니다. 번역을 하는 시간만큼은 누구도 저를 구속하지 못합니다. 제가 선택한 텍스트의 세계 속에서 새로운 담론을 음미하고 이국적인 캐릭터의 운명에 흠뻑 빠져 그들의 절절한 대화를 온전히 제 문체로 옮깁니다. 이럴 때면 저의 권력의지가 번역 텍스트 전체를 지배하면서 어떤 자유의 희열이 용솟음치는 것을 느낍니다.

저는 오랜 기간 독서를 하며 지식을 쌓아 왔습니다. 시를 쓰고 발제를 하고 에세이를 끼적이며 저만의 문체를 단련하기도 했습니다. 그리고 이 사회의 한 주체로서 굴곡진 시대를 살아오며 온갖 희로애락의 경험을 맛보았습니다. 이 모든 것이 제 번역의 창조를 통해 순간순간 그 축적된 에너지를 발현하는 것을 목격합니다. 그러니 어떻게 자유를 느끼지 않을 수 있겠습니까.

저는 이 자유가 저자의 자유와 유사하면서도 따로 고유성을 지닌 자유라고 생각합니다. 저자도 자신의 지식과 문체와 경험을 총동원해 창조의 자유를 만끽합니다. 하지만 그의 창조는 상상력에 기초하고 번역가의 창조는 구성력에 기초합니다. 번역가는 저자가 상상해 낸 텍스트의 세계를 분석하고 해체하여 새롭게 모국어의 텍스트로 재구성해 냅니다. 저자가 상상력으로 새로운 서사와 캐릭터를 고안하며 창조의 자유를 느낀다면, 번역가는 구성력으로 전혀 불가능해 보이는 텍스트의 언어 전환을 수행하며 창조의 자유를 느낍니다. 이런 자유는 오로지 번역가만의 것입니다.

다른 번역가와 마찬가지로 저 역시 번역을 할 때 가장 행복합니다. 저의 과거와 현재의 삶 그리고 그 삶 속에서 실천해 온 노력으로 새로운 창조물을 만들며 자유의 희열을 느끼게 해 주는 이 작업이 무엇보다 소중합니다. 바로 이 자유가 저를 비롯한 모든 번역가가 현실적인 어려움을

무릅쓰고 '텍스트의 세공'에 매달리게 하는 원동력이라고
믿습니다.

# 후기

나는 이 책을 열흘도 안 되는 기간에 몰아 썼다. 정해진 분량이 적기도 했지만 지난 십여 년간 틈틈이 적어 놓은 메모와 강의록이 큰 도움이 되었다.

그간 번역에 관한 책을 내 보라는 권유를 여러 번 받았다. 중국어 번역법을 집필해 보라는 사람도 있었고, 번역가로서의 소회를 담은 에세이를 써 보라는 사람도 있었다. 국내외 작가와 번역가가 번역에 관해 언급한 명문장을 모아서 코멘트를 달아 출판해 보자는 제안도 있었다. 나는 어느 권유에도 쉽게 마음이 끌리지 않았다.

우선 첫 번째 권유는 그 자체로 말이 안 된다는 생각이 들었다. '중국어 번역법'이라니? 중국어만의 언어적 특성을 기반으로 한 특수한 번역의 법칙이 있다는 것이 아닌가. 요령은 있을 수도 있지만 법칙은 내가 아는 선에서는 있을 수 없다고 생각한다. 모든 외국어 번역의 종착지는 결국 모국어다. 단지 외국어에서 모국어에 이르는 중간 과정에서 각 외국어마다 서로 다른 조작이 수행되기는 하지만 그 조작을 제어하는 주체 역시 번역가의 모국어 감각이다. 백 번 양보하여 그 조작의 다양한 양상을 치밀하게 묘사하는 시도를 해 볼 수도 있겠지만 내 경험상 그런 묘사를 축적하여 특정 외국어 번역만의 어떤 법칙을 도출할 수 있다고 믿는다면 그것은 언어의 무한한 표현 가능성을 너무나 과소평가하는 것이다. 어쩌면 반대로 내가 과대평가하는 것일 수도 있지만 나는 어쨌든 중국어 번역법이라는 미지의 과제는 한국의 중국어나 중국어 번역학 연구자에게 넘기고 싶다.

번역가의 삶을 다룬 에세이를 쓰는 것도 망설여졌다. 그런 부류의 책은 이미 유명한 영어, 일어, 프랑스어 번역가가 여러 권 썼고 내가 한 권을 더 쓰더라도 크게 보탤 만한 새로운 내용이 없을 듯했다. 마지막으로 '번역 명문집'은 오랜 축적이 필요할 것 같아 뒤로 미뤘다. 나는 대학원에서 몇 년간 번역학 강의를 하면서 동서양 번역가와 언어학자, 철학자가 번역의 정신과 기제에 관해 탐구해 온 역사를 들여다볼 기회가 있었다. 그래서 그들의 손꼽히는 유명발언을 꼼꼼히 수집, 정리하는 것은 어렵지 않지만 문제는 그 심오한 발언마다 내가 적절한 해설을 달 수 있느냐이다. 아무래도 내 사유가 더 깊고 정밀해지기까지 더 시간이 필요한 듯하다.

이 책의 집필은 이런 사양과 망설임의 끝에서 벼락같이 시작되었다. 유유출판사 조성웅 대표의 정말 거머리 같은 (?), 사람을 성가시고 미안하게 만드는 꼬임이 직접적인 계기가 되기는 했지만, 아마도 내 마음속에 쌓이고 쌓인 번역에 관한 생각이 더 이상 쌓여 있기만을 원치 않았던 것 같다. 제목도, 목차도 없이 무작정 자판을 치기 시작했지만 페이지가 늘어나면서 자연히 목차가 생기고 제목도 정해졌다. 그러다 보니 이 책은 번역과 번역가 그리고 번역가의 삶과 그것을 둘러싼 객관적 환경에 대한 나의 자동기술에 의해 일종의 종합선물세트가 돼 버린 감이 없지 않다. 독자는 이 책에서 번역을 중심으로 하여 온갖 방향으로 뻗어 나가는 내 관심의 흔적을 보게 될 것이다. 하지만 마지막 페이지를 덮고 나면 이 시대를 살아가는 번역가의 고민과 투쟁을 총체적으로 묘사한 한 장의 조감도가 머릿속에 그려지리라 믿는다.

지금까지 많은 역서를 냈지만 역자 후기에서 고마운 분에게 감사의 말을 해 본 적이 거의 없다. 역서에서는 역자 후기조차 독자에게 봉사해야 한다고 믿기 때문에 대부분의 지면을 저자와 원작에 관한 정보를 소개하는 데 할애한 까닭이다. 그러나 이 글은 나의 첫 '저자' 후기이므로 역시 처음으로 내가 오랜 세월 번역가로 버티며 살아올 수 있도록 도와주신 분에게 감사를 표하고 싶다.

제일 먼저 아들이 글쟁이가 되고 오랜 학업을 마칠 수 있도록 묵묵히 돌봐 주신 부모님께 감사드린다. 두 분은 아들이 명예롭고 부유한 사람이 되길 바라셨지만 나는 그런 기대에 부응하지 못했다. 하지만 언젠가는 나의 이 번역가라는 직업이 이 사회의 어떤 직업보다 더 명예롭고 가치 있는 것이라고 꼭 말씀드리고 싶다. 이미 고인이 되신 은사 허세욱 선생님께도 감사를 드린다. 나는 선생님을 좋아하지 않았고 선생님도 학자의 길을 멀리하는 나를 탐탁지 않게 생각하셨지만 어쨌든 내가 중국 문학의 기초를 쌓은 것은 온전히 선생님의 훈육 덕분이다. 그리고 보수적인 대학원 사회에서 그저 '헛짓'을 하는 것으로만 보였을 내게 분에 넘치는 응원을 보내 주신 주재희 선생님과 유세종 선생님께 진심으로 고개를 숙인다. 아무 학연도 없는 내게 대학원 번역학 강의를 맡겨 주신 공상철 선생님께도. 마지막으로 지난 이십 년간 나와 협업하며 희로애락을 함께 해 주신 출판사 분들께도 고마움을 전하고 싶다. 이 책의 산파인 조성웅 대표와 글항아리 강성민 대표가 그중 가장 특별한 분이다. 사랑하는 나의 아내와 딸에게는 굳이 감사의 말을 건넬 필요가 없을 듯하다. 이 두 사람은 내 지난한 번역 인생의 원동력이자 일부이므로.

자, 드디어 이 책을 마쳤다. 곧장 다음 번역에 돌입하자.

**번역가 되는 법**

**: 두 언어와 동고동락하는 지식노동자로 살기 위하여**

2018년 2월 24일   초판 1쇄 발행
2024년 9월 4일    초판 3쇄 발행

**지은이**
김택규

---

**펴낸이**          **펴낸곳**          **등록**
조성웅            도서출판 유유      제406-2010-000032호(2010년 4월 2일)

                **주소**
                경기도 파주시 돌곶이길 180-38, 2층 (우편번호 10881)

**전화**            **팩스**            **홈페이지**         **전자우편**
031-946-6869      0303-3444-4645    uupress.co.kr     uupress@gmail.com

                **페이스북**         **트위터**           **인스타그램**
                www.facebook      www.twitter       www.instagram
                .com/uupress      .com/uu_press     .com/uupress

**편집**            **디자인**          **마케팅**
이효선, 이경민      이기준            전민영

**제작**            **인쇄**            **제책**            **물류**
제이오            (주)민언프린텍      라정문화사         책과일터

ISBN  979-11-85152-79-0  04080
      979-11-85152-36-3  (세트)